¡Cuánta falta hacía hablar de la amistad en un contexto hispanohablante! Es mi oración que no se quede ahí, sino que lo pongamos en práctica porque, tal como Juan resalta, «la amistad es un deporte de contacto». Recomiendo *Amigos* a todo cristiano, no solo por su contenido bíblico, sino porque Juan es un amigo de verdad que vive lo que ha plasmado con sabiduría aquí.

—Josué Pineda Dale, pastor en la iglesia Grace Bible Church, en Hutchinson, Kansas, y director de Hombre Renovado, de Soldados de Jesucristo

Qué mejor que recomendar un libro sobre la amistad, de un gran amigo como lo es Juan. Sin duda, este libro es un recurso valioso en estos tiempos. Debido a todas las distracciones que nos ofrece la tecnología actual, es bueno poder enfocarnos y centrarnos en las relaciones humanas y en aquellos a quienes Dios nos dio como amigos.

—Dr. Arnaldo Achucarro, profesor adjunto de Estudios Cristianos, subdirector de Estudios en Español, Midwestern Baptist Theological Seminary, ciudad de Kansas

Amigo es una palabra cuyo significado se ha rebajado a tener referencia de una persona o formar parte de la misma red social. Juan hace un brillante trabajo al redimir este término desde su origen, ejercicio y propósito, exponiendo claramente el tema desde la Palabra, de modo que podamos saber con claridad si estamos siendo amigos, qué nos distingue y qué nos bendice al ser y tener amigos.

Sin duda, en una era donde el individualismo y el aislamiento se han vuelto tan comunes y tienen crecientes consecuencias, incluso en la salud mental, este recurso desafía al lector a verse como amigo ante los ojos y el filtro del amigo verdadero: Cristo.

—Kike Torres, pastor líder en Horizonte Querétaro, consejero certificado ACBC

Cuando el Señor Jesucristo enseñó a Sus discípulos a procurar una herramienta poderosa para impactar a la comunidad alrededor, se refirió a la imperiosa necesidad de amarnos unos a otros (Juan 13:34-35). En este libro, el pastor Juan Moncayo nos desafía a crecer en esta gracia, mediante una excelente exposición de los aspectos bíblicos que conforman una amistad verdadera. Una lectura obligada para los tiempos que vivimos como Iglesia.

—Luis Méndez, pastor en Iglesia Gracia sobre Gracia, Florida, Estados Unidos

De una manera amistosa pero profunda, Juan Moncayo nos muestra la vital importancia de la comunidad en la vida cristiana. Sus perspicaces reflexiones teológicas nos guían hacia una comprensión más extensa de cómo la conexión con nuestros hermanos y hermanas en la fe no únicamente enriquece nuestras vidas espirituales, sino que también fortalece nuestra capacidad para enfrentar los desafíos de la vida. Este libro inspira a cultivar relaciones auténticas y a abrazar la hermandad cristiana como un regalo divino que nutre el alma y fortalece el cuerpo de Cristo. Será un tiempo de aprendizaje muy valioso para aquellos que buscan una perspectiva renovada sobre la importancia de caminar juntos en la fe cristiana.

—Alejandra Sura M.A., Consejería Bíblica, conferencista y autora de *No desperdicies tus emociones*

JUAN F. MONCAYO

Amigos: Relaciones profundas en una era superficial

B&H Publishing Group
Brentwood TN, 37027

Diseño de portada: B&H Español

Clasificación Decimal Dewey: 177
Clasifíquese: AMISTAD \ RELACIONES INTERPERSONALES \ RELACIONES DOMÉSTICAS

El énfasis en todos los versículos bíblicos fue agregado por el autor.

ISBN: 978-1-0877-7814-3

Impreso en EE. UU.
1 2 3 4 5 * 27 26 25 24

ÍNDICE

PARTE 4:
EL AMOR Y LA AMISTAD

INTRODUCCIÓN

Estaba sentado en uno de los restaurantes más pintorescos de la ciudad. La vista era increíble y la comida, deliciosa. Sin embargo, algo faltaba.

Permíteme contarte el contexto…

Meses antes, mi esposa, quien es mi mejor amiga, planificó junto con el resto de mi familia un viaje sorpresa por mi cumpleaños. Era el plan perfecto. Un destino turístico mundialmente reconocido, caminatas, aventura, ruinas históricas y rica comida en la compañía de mi mejor amigo (el cual se convirtió en parte de la familia) y otro gran amigo. Después de esperar con ansias el viaje, el día al fin llegó, pero mi itinerario hizo que aterrizara un día antes que el resto del grupo.

Entonces, sí, la vista era increíble y la comida deliciosa, pero era plenamente consciente de me encontraba en ese lugar *solo*.

Ahora, quiero que sepas que no está mal estar solo. Es más, disfruto esos momentos de estar a solas. Momentos de pensar, meditar, orar, leer, planificar. Parte de este libro sobre las relaciones tomó forma en momentos de soledad. Es importante tener esos tiempos, pero este momento ameritaba ser compartido, y mi alrededor me lo recordaba claramente.

Cerca de mi mesa, había una pareja multicultural en su quinta década. Por lo que pude escuchar (no estoy orgulloso de esto), estaban en una cita a ciegas y se turnaban para hacerse preguntas. Del otro lado, una pareja joven disfrutaba de una cita romántica. Cerca, en otra mesa, había un grupo de amigos disfrutando de tiempo ameno después del trabajo. Finalmente, dos mesas más allá, estaba una familia celebrando el cumpleaños de uno de sus hijos entre abuelos, fotos, abrazos, canciones y un postre.

Recuerdo las miradas de las personas que, al entrar al balcón para tomarse una foto, me miraban, miraban la silla vacía delante de mí, y su rostro se llenaba con un gesto de compasión o confusión. Era como si sus ojos me preguntaran: «¿Cómo vas a venir acá solo?». En mi mente, batallaba con la misma pregunta.

En ese momento, le escribí a mi esposa y le dije cuánto me encantaría estar ahí con ella. Recordé estar alrededor de una mesa celebrando el cumpleaños de mis hijos, pensé en momentos especiales con mis amigos en casa. Finalmente, medité en mi rol como pastor y pensé que uno de nuestros valores es la *comunidad*, y cómo la comunidad es fundamental para un creyente.

Mientras este libro empezaba a tomar forma en mi mente, recordé una frase cursi que había visto en Instagram, pero que es más profunda de lo que pensé: «La vida realmente es mejor con amigos». Eurípides, amigo del filósofo Sócrates, expandió esta idea al decir que «Los amigos duplican las alegrías y dividen las penas».

Estimado lector: ¿no es eso verdad? Muchos de los momentos más hermosos de la vida tienen un telón de fondo de personas especiales, que duplicaron lo especial del momento o fueron fundamentales para que momentos difíciles fueran más manejables. Si volteamos la frase de Eurípides, se podría decir que una vida sin amistades, sin comunidad, es una con menos alegrías y el doble de penas.

Sin embargo, quizás tienes en tu mano este libro porque lo opuesto también es verdad. Muchos de los momentos más dolorosos de la vida están unidos a amistades rotas, promesas incumplidas, desilusiones relacionales que dejaron cicatrices profundas. Es más, incluso dentro de la iglesia de Cristo, lugar donde se supone encontraríamos verdadera comunidad y amistad, hay historia tras historia de dolor relacional profundo y agudo.

Finalmente, hay otra capa que podemos añadir a estos gozos y cicatrices de la experiencia humana que se unen a realidades del contexto donde vivimos. Me refiero a tiempos de distanciamiento social, aislamiento, redes sociales e individualismo que hacen de nuestro tema una especial necesidad.

Vivimos en un tiempo donde es crucial entender las relaciones interpersonales y saber cómo ser un buen amigo. Entiendo que es un objetivo elevado, pero mi deseo al escribir este libro de relaciones y amistades es aportar un grano de arena a este tema clave.

EL GUÍA Y EL CAMINO

Ahora, antes de empezar este caminar juntos, quiero hacerte una pregunta importante: «¿Le preguntarías a un pez cómo se siente estar mojado?». Sé que es una pregunta muy rara, pero sígueme la corriente por un momento y piénsalo.

La respuesta es *no*, porque el pez no sabe la diferencia, nunca ha estado seco. Es más, es muy posible que, cuando el pez se seque, se convierta en pescado. Me imagino que un pez tendría dificultad para enseñarme a nadar, de la misma manera que un ave tendría dificultad para explicar cómo volar. Dichas actividades son naturales para ellos.

Al empezar este caminar juntos, quiero ser abierto y transparente desde un comienzo. Confieso que escribir de este tema de la comunidad y de la amistad es un ejercicio en humildad.

Hay personas que escriben libros porque son la eminencia en un tema. Son peces en el agua y sus escritos son una extensión de su dominio de la materia, y cada página destila su sabiduría. Cuando les preguntas cómo hacen algo, su respuesta es: «No sé, solo lo hago». Ese no soy yo.

Tampoco me malentiendan, no creo que yo sea un mal amigo (aunque algunos podrían no estar de acuerdo con esa afirmación). Al revisar mi semana, almorcé con un amigo, invité a otro a tomar café, tuve conversaciones profundas con varias personas, mi esposa y yo recibimos a alguien a dormir en nuestra casa, trato de mantener contacto con amigos en otros países. Inclusive Facebook (la autoridad en el tema de amistades) me dice que tengo más de 2000 amigos.

Esa noche, mientras miraba la ciudad y añoraba compartir ese momento con seres queridos, me di cuenta de que, a menudo, doy esas relaciones por sentado, y que debo crecer en ser un mejor amigo. De partida, confieso que escribo este libro como un compañero en la misma travesía de buscar ser un mejor amigo en un mundo roto y solitario, y por ende, tengo varios objetivos que quizás tu también compartas.

En primer lugar, quiero ser un buen amigo porque quiero ser un buen *esposo*. Se dice que tu mejor amigo debe ser tu cónyuge, que lo ideal es que te cases con tu mejor amigo. Cuando te casas, tu cónyuge será tu mejor amigo, pero a veces no sabemos cómo invertir en esa amistad. En muchos matrimonios, hemos visto cómo las personas empiezan a crecer por separado y a crear una distancia entre ellas. Por la gracia de Dios, estoy casado con mi mejor amiga, pero no puedo dar eso por sentado. En gracia, debo crecer para ser un mejor amigo de mi esposa, y por eso necesito este libro.

En segundo lugar, soy *papá*. La Biblia afirma claramente que el rol del padre va más allá de el de un amigo. En nuestra sociedad, hay muchos enfoques de crianza que sacrifican el rol bíblico de ser padre, guía e influencia, para convertirse solamente en un amigo. Por otro lado, tristemente, hay padres que se van separando de sus hijos mientras estos crecen. Mientras estudio la Biblia pensando en la amistad, me doy cuenta de que puedo aplicar estos principios bíblicos con mis hijos. Necesito aprender a «conectarme con su mundo». Pese a que mis hijos son pequeños, le pido a Dios que mi trato con ellos provea un ambiente en el cual, cuando crezcan, puedan verme como alguien con quien ellos quieran pasar tiempo y con quien puedan hablar con sinceridad y compartir los momentos más dulces y amargos de la vida.

En tercer lugar, como *creyente*, quiero ser un buen amigo, y que esa amistad me permita construir puentes para compartir el evangelio de mi precioso Salvador. Considero que la amistad es una de las herramientas misionales más básicas, pero más ignoradas. Es en el contexto de las amistades donde espero que mis amigos (no creyentes) lleguen a un momento de decir: «Háblame de la esperanza que está en ti, tú vives de una manera distinta». Quiero ser un mejor amigo para que otros conozcan sobre el Amigo perfecto, y mostrar la bondad de Dios.

En cuarto lugar, tengo el privilegio de ser *pastor*. Parte de mi rol como pastor es tener el privilegio de predicar y compartir la Palabra en varios contextos. Quizás tú no eres pastor, pero también tienes la responsabilidad de compartir la Palabra y buscar que otros crezcan en Cristo. Enseñar fielmente la Biblia requiere a menudo decir cosas difíciles y que contradicen la cultura actual. Me viene a la mente Proverbios 27:6: «Fieles son las heridas del amigo». Muchas veces, enfocamos la amistad solamente en decirnos con franqueza las cosas difíciles (lo que es verdad). Sin embargo, no debemos perder de vista un detalle importante de este texto. Este versículo nos enseña también que una persona será más receptiva a cosas difíciles cuando las recibe de alguien que considera un amigo. En ocasiones, creemos que parte de ser reformados es decir a otros las cosas difíciles. No debemos rehuir de la verdad, pero considero que la amistad es la diferencia entre ministrar la verdad y meramente dispensarla. Muchas discusiones y divisiones en la Iglesia cesarían o tendrían un contexto mucho más saludable si entendiéramos esta verdad y fuéramos verdaderos amigos.

Asimismo, en el salón de consejería, quiero ser un amigo con el cual las personas se sientan cómodas de compartir y abrir su corazón en los momentos más difíciles. Por tanto, ya sea desde el púlpito o en el salón de consejería, es mi deseo que las personas sean más receptivas para la gloria de Dios y el bien de Su Iglesia, porque entiendan que están hablando con un amigo que busca su bien, que los ama y está verdaderamente interesado en ellos. Anhelo que, al interactuar con las verdades de este libro, las personas puedan ver en nosotros a un buen amigo. No por nosotros, sino porque somos amados y amigos de Jesús, el cual está lleno de gracia y verdad.

Finalmente, tengo la oportunidad de capacitar a otros en el ministerio de la *consejería bíblica*, por lo que escribo este libro también como un recurso de prevención importante para la iglesia hispana.

Hace algún tiempo, leí un tuit escrito por Aixa de López que decía:

> Sentarse a la mesa. Verse y escucharse. Hacer buenas preguntas. Contar mil historias y reírse. Y llorar… y quedarse otro rato.

Y poner más café... Ese es el principal método en que Dios edifica Su casa y cuida Su Cuerpo. Gente amando a gente.[1]

Considero que la consejería formal siempre será necesaria en el mundo caído donde vivimos. Sin embargo, si tuviéramos iglesias llenas de personas que saben cómo ser «buenos amigos», no habría tanta necesidad de consejería formal, porque tendríamos un ejército de personas listas para escuchar, servir, animar y responder a las necesidades de los otros. Un ejército de amigos que, en medio de gran dolor, se dicen: «Quizás no sé qué decir, pero voy a buscar amar bien». Soldados combatiendo juntos la soledad y el dolor de vivir en un mundo caído. Personas que, en las palabras de C. S. Lewis, se dicen unos a otros: «¿Cómo, tú también? Yo pensaba que era el único».[2]

Para hacerlo, iniciaremos dando un breve panorama de las oportunidades y los desafíos relacionales en nuestro tiempo. A continuación, el libro se dividirá en cuatro partes que caminan de lo teórico a lo práctico. La parte 1 se enfoca en dar un fundamento bíblico de cómo pensar respecto de las relaciones. Una vez que tengamos esos cimientos, la parte 2 presenta cómo Cristo nos llama amigos, y eso cambia radicalmente lo más profundo de nuestro ser y, por ende, cómo pensamos en las amistades. En la parte 3, tomamos el ejemplo de Cristo para interactuar con dinámicas relacionales y proveer los ingredientes de una buena amistad. Finalmente, la parte 4 se enfoca en cómo el amor debe conformar nuestras amistades.

En resumen, mi deseo con este libro no es posicionarme como la autoridad en amistades. Este es un libro que tú y yo necesitamos porque el ejemplo no soy yo, no es un *coach* relacional, no es esa persona muy dotada relacionalmente o que tiene muchísimos amigos en redes. No, el ejemplo que vamos a ver es el de Aquel que dio Su vida por Sus amigos (Juan 15:13) para hacernos familia y, al darnos

---

[1] https://twitter.com/aixa_delopez/status/1458302164355489798

[2] C. S. Lewis, *The Four Loves* (Nashville, TN: HarperCollins, 2017). Edición para Kindle, p. 83.

al Espíritu Santo, infundir esperanza a cualquier relación para Su gloria. En realidad, ese es el centro de este libro. Este libro de amistad se trata de Jesús, el Amigo perfecto.

Ahora, si no compartes mis creencias religiosas, considero que ver las enseñanzas de Cristo con respecto a las relaciones, la comunidad y la amistad cambiará radicalmente tu vida y tus amistades. Entiendo que quizás no compartas mis creencias y no entiendas cómo un libro «religioso» pueda ayudarte en tus relaciones. Yo creo que, si le das una oportunidad a este libro, vas a notar que las enseñanzas de Cristo con respecto a las relaciones y la amistad son mucho más practicas e importantes de lo que tal vez consideraste.

Si alguno de estos objetivos resuena en tu corazón, mi amigo lector, acompáñame en este camino y continúa leyendo.

PARTE 1

EMPECEMOS POR EL PRINCIPIO

En esta primera parte, quisiera hacer un acercamiento quizás poco habitual a nuestro tema. En el mundo, lo común después de identificar un problema o una necesidad es arremangarnos y querer hacer algo, actuar. Entonces, al leer un libro acerca de las relaciones y de cómo mejorarlas, buscamos algo *práctico* inmediatamente. Queremos técnicas que nos ayuden a ser mejor amigo, mejor esposo, mejor papá, a mejorar esas relaciones difíciles y a evitar relaciones «tóxicas». Puedo escuchar ya a los lectores diciendo: «Moncayo, dame herramientas para saber cómo escoger amistades, cómo hacer buenas preguntas, cómo escuchar, perdonar, relacionarme, etc.».

Sí, vamos a llegar a ese consejo práctico, pero primero vamos a tomar el enfoque que vemos en la Biblia. Dios lo aborda de otra manera. Rara vez nos dice qué tenemos que hacer sin antes decirnos el porqué y el para qué. Por ejemplo, en el libro de Efesios, observamos que los tres primeros capítulos nos explican quiénes somos en Cristo (posición), mientras que los tres últimos capítulos nos dicen qué hacemos (práctica). Por lo tanto, es mi deseo hacer lo mismo al hablar de las relaciones interpersonales.

En primer lugar, vamos a ver por qué tenemos esa necesidad relacional. Después, veremos el motivo (para qué) de las relaciones, y finalmente, veremos por qué las relaciones son tan difíciles.

Esta sección es fundamental para entender las amistades y relaciones, y provee el cimiento del resto del libro.

1

OPORTUNIDADES Y DESAFÍOS

Alguien dijo que las relaciones son como el vidrio: a veces, es mejor dejarlas rotas que lastimarte para tratar de arreglarlas. Si deseas conectarte con alguien, hoy tienes un sinnúmero de opciones para escoger qué tipo de comunicación deseas. Desde llamadas telefónicas, mensajes de texto, mensajes de voz, mensajes grupales, videoconferencias, videos cortos, videos largos, mensajes que desaparecen, videos que filtran tus imperfecciones o inclusive te dan orejas de gato o lengua de perro, y la lista continúa con nuevas ideas y aplicaciones que salen al mercado continuamente.

Sin embargo, es fascinante que no solo tenemos opciones de *cómo* conectarnos, sino también opciones de *con quién* conectarnos. Al escribir estas palabras, mis últimos cinco mensajes de WhatsApp incluyen conversaciones con personas en cuatro países y tres continentes distintos. Los avances tecnológicos han facilitado el contacto instantáneo con cualquier persona que hayamos conocido en nuestra vida, sin importar el lugar del mundo.

LA SOLEDAD COMO PANDEMIA

Cuatro años antes de que se declarara al COVID una pandemia mundial, el periódico español El País publicó un artículo en el que advertía de una pandemia que ya estaba reportando varios efectos físicos sumamente perjudiciales, e incrementando la probabilidad de mortalidad en un 26 %. En el artículo titulado «Soledad, una nueva epidemia», los autores sugieren que «una de cada tres personas se siente sola [pese a vivir] en la sociedad de la hiperconexión y las redes sociales»[3]. En resumen, en una era de conectividad sin precedentes, la humanidad experimenta que la profundidad relacional está dolorosamente ausente. Personas en la intimidad de su hogar se sienten solas y añoran encontrar a alguien que en realidad las conozca, las escuche y con quien puedan compartir tiempo.

Solos con pantallas grandes y pantallas pequeñas

En un mundo de pantallas, si no somos cuidadosos, estos dispositivos pueden convertirse en un sutil pero efectivo ataque a las relaciones interpersonales.

En primer lugar, las pantallas más y más grandes nos permiten tener *compañerismo* sin realmente *compartir*. Durante una temporada ocupada de ministerio que me llevó a estar fuera del país, recuerdo la emoción de volver a casa y salir en una cita con mi esposa. ¡Estaba tan emocionado de volver a verla y reconectar con mi mejor amiga! Salimos a ver una película. Al llegar de la cita, estaba contento de que pasamos tiempo juntos; no obstante, sentí que algo faltó. De manera similar a lo que ocurre cuando varias personas se reúnen para ver un evento deportivo, lo que puede pasar es que estamos reunidos viendo pantallas juntos sin estar unidos. Estamos sentados uno al lado del otro, pero no nos vemos el uno *al* otro.

Este *vernos* es lo que extrañamos. Es en el vernos que conocemos y somos conocidos, donde simples tiempos en grupo adquieren profundidad relacional y forman verdadera comunidad. Más adelante, veremos cómo momentos de silencio juntos o actividades comunes son herramientas en las relaciones, pero el punto que quiero enfatizar es que las pantallas grandes pueden desplazar el enfoque en relaciones profundas de comunidad por una pseudoconexión al compartir un momento de ver una pantalla juntos.

En segundo lugar, en contraste con las pantallas grandes, tenemos un creciente mercado de pantallas pequeñas que, con sus logaritmos,

---

[3]https://elpais.com/elpais/2016/04/06/ciencia/1459949778_182740.html

son mucho más sofisticadas para atacar las relaciones y la comunidad. Estos dispositivos con pantallas pequeñas nos dan un nivel de privacidad que fomenta nuestro egoísmo e individualismo. John MacArthur, al hablar de los teléfonos inteligentes, dijo: «Cada persona es como un dios [...] el creador de su mundo privado [...] con sus preferencias secretas, descargándo lo que queremos. El iPhone es la necesidad más egoísta que se ha creado».[4]

Estos dispositivos les mienten a las personas y las llevan a pensar que pueden estar presentes en dos lugares a la vez, sin estar completamente presentes en ninguno. En el libro *The Common Rule* [La regla común], Justin Whitmel Earley señala que los teléfonos inteligentes permiten que las personas estén presentes cruzando el tiempo y el espacio, y que «si no hacemos nada, seguramente viviremos una vida de presencia fracturada».[5]

En la práctica, ¿te ha pasado que, cuando estás en un contexto social incómodo, te encuentras revisando tu celular más a menudo? En momentos incómodos, cuando en la providencia de Dios alguien de carne y hueso está delante de nosotros, nuestros dispositivos nos escoltan a buscar compañía con alguien que no está presente, y hace que nosotros tampoco estemos presentes.

Esta presencia fragmentada produce un suceso irónico. Nos podemos sentir solos pese a estar en la compañía de otros. Pensamos que podemos estar en dos lugares, pero uno de ellos siempre sufre, y ninguno recibe toda nuestra atención. Esto ocurre porque las relaciones requieren esfuerzo, pero ver tu dispositivo no. Tu dispositivo no solo te da acceso a personas en cualquier lugar, sino que, mediante complicados algoritmos, ha seleccionado cuidadosamente contenido basado en tus gustos y deseos. Desde los chats, la diversidad de amigos de Facebook, juegos, o inclusive acceso a videos de *influencers* que empiezan sus videos con un tan atractivo: «Hola, amigos» (mientras ignoramos a nuestro amigo delante de nosotros).

---

[4] https://www.youtube.com/watch?v=jvmTMqgVEQ8&t=0s

[5] Justin Earley, *The Common Rule: Habits of Purpose for an Age of Distraction* (Westmont, IL: IVP Books, 2019), p. 64.

Podríamos decir que nuestros dispositivos se pueden convertir en amigos virtuales que están siempre accesibles; Siri, Alexa y Google no nos juzgan cuando somos egoístas. No nos dicen: «Sería mejor que no estés en WhatsApp y seas intencional con aquellos con quienes estás ahora».

El resultado es que nos sentimos solos al perder la profundidad relacional que tanto buscamos y que la tecnología no puede ofrecer.

Una presencia fragmentada de segunda mano

Hay estudios que muestran los efectos negativos del tabaco. Estos afectan la salud de aquellos que fuman, pero también la salud de los que están expuestos a la presencia de fumadores. A este segundo grupo se lo llama fumador pasivo, o fumador de segunda mano. Como vimos anteriormente, el uso de dispositivos puede afectar a aquellos pegados a la pantalla, pero no podemos negar que puede provocar una soledad pasiva o una soledad de segunda mano.

Hace unos años, mi hija de tres años me dio una lección importante en este tema. Un día, durante la pandemia, le prometí jugar a las escondidas. Estaba trabajando desde casa y salí de mi estudio para jugar. Apenas me vio, se emocionó, empezamos a jugar y, en algún momento, recordé que se me olvidó algo (ya no me acuerdo qué era), pero saqué mi teléfono. En ese momento, mi hija, todavía con esa pronunciación tan dulce de una niña de tres años, me dijo: «Papi, soy más importante que tu teléfono». Esas palabras me impactaron profundamente.

Recuerdo también la historia de un padre que, al volver a su hogar, se sentó a jugar con sus hijos y, mientras estaba sentado, recordó que le faltó reenviar un correo. Tomó su celular y, cuando su hijo lo vio, le dijo: «Papi, escúchame». Mientras buscaba el mensaje que tenía que reenviar, el padre respondió: «Te estoy escuchando». Su hijo replicó: «No, quiero que me escuches con los ojos también».

La presencia fragmentada es real y no solo nos afecta a nosotros. Las personas que están en compañía de aquellos distraídos por sus pantallas sienten también soledad, una soledad distinta al notar que tienen que competir con pantallas tan adictivas y sus complejos logaritmos.

El resultado es el mismo: un sentido de soledad o un falso compañerismo que, sin la esperanza del evangelio, lleva a muchos a un desánimo profundo. No nos debería sorprender que, en el agua turbia de ese descontento, terminemos preguntándonos si hay algo fundamentalmente roto en nosotros, y nuestra respuesta sea ver a la comunidad y las relaciones como víctimas, o de manera cínica e indiferente.

LA PANDEMIA Y LAS RELACIONES

El mundo de las pantallas no ha sido el único ataque contra las amistades y las relaciones profundas. Hace pocos años el mundo combatió un virus global que dejó sus huellas sobre la sociedad. Lo interesante y triste es que las medidas que se usaron para supuestamente contener el virus fueron exactamente lo opuesto a lo que es necesario para nutrir las relaciones. En esta sección veremos cómo el COVID atacó las amistades y ha dejado secuelas en cómo entendemos las relaciones.

El aislamiento y la comunidad

Una conversación en especial me marcó profundamente durante la pandemia. Una persona en el grupo de riesgo y de la tercera edad me dijo: «Pastor, en este punto, no sé si voy a morir por el famoso COVID, o por soledad en mi casa cuidándome del COVID».

Como humanos, somos seres relacionales que vivimos en círculos sociales. Estos círculos proveen, entre otras cosas, normalidad, pertenencia, apoyo, interacción, diversión, distracción y amistad.

Belinda Luscombe, en su artículo *«What We Learned About Relationships During the Pandemic»* [Lo que aprendimos de las relaciones durante la pandemia],[6] declaró que, para que una relación funcione, se necesitan tres elementos: tiempo + afecto + compañerismo. Estos son los elementos para que una persona cree un vínculo fuerte con otros.

---

[6] https://time.com/6076596/relationship-lessons-during-covid-19/

Con la pandemia, dos de estos factores (el tiempo y el compañerismo) fueron aniquilados o cambiaron radicalmente. El distanciamiento, las mascarillas, el aislamiento y la cuarentena dificultan el compañerismo. Al mismo tiempo, nuestros horarios cambiaron para adaptarnos a esta «nueva normalidad».

El sentimiento de la persona que mencioné anteriormente, a un nivel extremo, trae problemas agudos. Esto está confirmado por científicos de India y Panamá que llamaron a estas consecuencias sociales la «doble pandemia de suicidio y COVID-19».[7] Podríamos escribir mucho del tema, pero veamos brevemente algunas formas en las que varios grupos sufrieron en sus relaciones durante la pandemia.

En primer lugar, aquellos que viven solos (por ej., solteros, extranjeros) y personas de la tercera edad sintieron la soledad de manera especial al estar encerrados solos.

En segundo lugar, la pandemia encerró a personas con un solo grupo de individuos. Para algunos, esto fue de gran provecho y crecimiento, pero para muchos otros, tan solo expuso los cimientos agrietados en las relaciones familiares. Por ejemplo, hay adolescentes que perdieron sus círculos sociales. Matrimonios se encontraron con la triste realidad de que a veces es peligroso pasar tanto tiempo con aquellos que prometiste amar hasta que la muerte los separe. Por ejemplo, en Japón, #coronadivorce [«coronadivorcio»] se convirtió en una tendencia en Twitter.[8] Mientras tanto, el mundo experimentó un aumento en el número de divorcios y de problemas de violencia doméstica.[9]

Finalmente, las relaciones también se llevaron la peor parte, ya que la pandemia puso tensión en factores que influencian las relaciones interpersonales. La preocupación de contagiarse, los problemas económicos, la pérdida de trabajo, el temor, el dolor, el duelo, y muchos

---

[7] Debanjan Banerjee, et al. *«"The dual pandemic" of suicide and COVID-19: A biopsychosocial narrative of risks and prevention». Psychiatry research,* vol. 295 (2021): 113577. doi:10.1016/j.psychres.2020.113577

[8] https://japantoday.com/category/features/lifestyle/coronadivorce-trends-online-as-locked-down-couples-realize-they-don't-actually-get-along

[9] https://news.un.org/es/story/2020/04/1472392

otros factores, pusieron nuevas tensiones a nuestras comunidades y amistades. Es por eso que los científicos en salud pública y social de la universidad de Glasgow, en Reino Unido, sugieren que un «manejo efectivo de una pandemia reconoce que las preocupaciones sociales, económicas y de salud están intrínsecamente entrelazadas. [En el futuro,] la atención de las políticas debe centrarse en las consecuencias sociales».[10]

La reapertura y la comunidad

El COVID no solamente rompió nuestros círculos sociales mediante el distanciamiento, las mascarillas y el aislamiento, sino que también influyó en cómo vemos las relaciones. Un artículo en una influyente revista neoyorkina afirma: «La pandemia reorientó nuestra economía de atención, redefiniendo los límites de qué y quiénes nos importan».[11]

Recuerdo que, cuando pudimos salir del confinamiento, estaba bajando por la calle empinada en donde se ubica la iglesia, cuando vi que otra persona corpulenta venía de subida. De vez en cuando, se bajaba la mascarilla para respirar profundamente por el esfuerzo de subir por la pendiente. Era claro que, a menos que cambiara de acera, nos íbamos a encontrar justo delante de la iglesia. En ese momento, el Señor me habló y me di cuenta de cuán pecaminoso es mi corazón, porque no estaba pensando en cómo Dios podría permitirme ser de bendición a esa persona, ayudarla, asegurarme de que llegara a su destino. En un tiempo donde la muerte era tan real, me duele admitirlo, no pensé si esta persona necesitaba el evangelio. Es más, ¡podía fácilmente invitarla a la iglesia, ya que estábamos delante de ella! Pero no, mi mente solo pensó en mí mismo, y gritó: «¡COVID!».

---

[10]Long E., Patterson S., Maxwell K., Blake C., Bosó Pérez R., Lewis R., McCann M., Riddell J., Skivington K., Wilson-Lowe R., Mitchell KR. *COVID-19 pandemic and its impact on social relationships and health. J Epidemiol Community Health,* febrero de 2022; 76(2):128-132. doi: 10.1136/jech-2021-216690. Epub 2021, 19 de agosto. PMID: 34413184; PMCID: PMC8380476. https://www.ncbi.nlm.nih.gov/pmc/articles/PMC8380476/

[11]https://www.newyorker.com/culture/dept-of-returns/what-did-covid-do-to-friendship

Te animo a que examines tu propio corazón. ¿Cómo la pandemia u otros elementos de nuestro tiempo te han animado a ver a las personas creadas a imagen de Dios? Tu respuesta te dará una idea de cuál es tu perspectiva de las relaciones interpersonales. Estamos en un lugar crucial para hacernos esa pregunta.

Personalmente, pensar en esto me ha impactado mucho, ya que me mostró qué tan fácil es ser moldeado por mi contexto. El mundo tiene clara su perspectiva. Un autor declara desde la India: «El COVID definitivamente enfocó a más personas hacia dentro. Y esto ha encendido una nueva y preciosa forma de amistad para muchas personas: la amistad que tienen consigo mismas».[12]

Amigos, el COVID obviamente atacó nuestras relaciones, pero considero que la reapertura y la nueva normalidad nos dan una oportunidad única de examinar nuestra perspectiva de las relaciones interpersonales. Incluso el mundo se da cuenta de esto. En un artículo del *New York Times*, Kate Murphy sugiere que: «El reingreso ofrece la oportunidad de elegir qué relaciones deseamos resucitar y cuáles es mejor dejar inactivas».[13] Desde una perspectiva cristiana, la pandemia nos trajo la tentación de no ver a otros como aquellos a quienes Dios nos envía para cumplir con la misión de proclamar el evangelio, de edificarlos en Cristo al relacionarnos para edificación mutua. Más bien, por una temporada se normalizó ver a las personas como «una amenaza a mi salud», como un punto de contagio, como una temporada donde *yo* era el centro de todo.

Y no quisiera que haya ningún malentendido; sí, tenemos que ser cuidadosos y sabios, pero ese cuidado siempre tiene que estar anclado en valores del reino, valores anclados en una esperanza eterna debido a una cruz sangrienta y una tumba vacía. Una esperanza anclada en que «nadie tiene un amor mayor que este: que uno dé su vida por sus amigos» (Juan 15:13).

---

[12] https://indianexpress.com/article/lifestyle/life-style/matters-of-the-mind-impact-of-covid-on-friendships-7433129/

[13] https://www.nytimes.com/2021/06/01/well/family/curate-friends.html

EL COVID Y LA COMUNIDAD CRISTIANA

Es común que personas u organizaciones identifiquen valores que funcionan como una brújula a la hora de guiar y no perder de vista las prioridades. Puesto de manera simple, un valor es algo que merece especial enfoque, importancia y utilidad.

En nuestra iglesia, tenemos tres valores que son: verdad, comunidad y misión. Queremos que estos principios bíblicos sean fundamentales en nuestra identidad como iglesia y, obviamente, también en la vida de cada persona que llama a La Fuente su iglesia local.

Hace unos años, durante el proceso de reapertura después de la pandemia, hicimos una pausa de la predicación secuencial expositiva de un libro de la Biblia para explorar cómo este evento global impactó nuestros valores.

Fue muy interesante lo que encontramos y que he visto ha ocurrido también fuera de nuestra iglesia.

Verdad

El tiempo de la pandemia dejó en claro que, por la gracia del Señor, el distanciamiento social y los confinamientos no pueden frenar el avance de la *verdad* bíblica. Durante la pandemia tuvimos que ser creativos, pero pudimos enseñar y predicar de varias formas. Aunque nos costó, la verdad fue anunciada y fue claro que el evangelio no puede ser detenido con distanciamiento social, mascarillas o cuarentenas.

Es más, a nivel más global, actualmente vemos a muchos creyentes fieles que usan las redes sociales para comunicar la verdad de la Palabra de Dios a través de distintos medios.

Misión

Nuestra iglesia tuvo que afrontar el desafío de llevar a cabo la misión durante la pandemia. Este tiempo de sufrimiento exprimió los corazones de las personas, lo que permitió que salieran a la superficie las realidades de muchas situaciones de matrimonios, de familias y de pecados personales. Debido a que la verdad bíblica no puede ser puesta en aislamiento, en la gracia de Dios esto nos brindó la oportunidad para hacer alumbrar la luz del evangelio y enfocarnos en Cristo en esas áreas en las que todavía habíamos andado en tinieblas. La verdad bíblica tiene las respuestas para cada una de las circunstancias que afrontamos en la vida.

Dios ha utilizado estas dificultades para hacernos crecer. Así es como el Señor construye Su Iglesia, puesto que la idea no es que aumenten los números, sino que los creyentes crezcan en madurez. No ha sido fácil, pero somos testigos de cómo, a pesar de haber estado encerrados, Dios obra. Al abrir la iglesia, tuvimos uno de los tiempos con mayor bautismos y personas que deseaban transformarse en miembros.

Comunidad

Al hablar de comunión, enseguida viene a la mente la idea del «compañerismo». Es un término que nos encanta porque lo comprendemos. Tenemos compañeros de trabajo porque hay una experiencia común que nos une. Tenemos compañeros de colegio con los que recordamos las historias de aquel maestro que nos hacía la vida difícil; hay algo que nos une. Lo mismo sucede con los compañeros de un equipo deportivo. Incluso los políticos suben a las plataformas y se dirigen a su audiencia con las palabras: «Queridos compañeros». ¿Y por qué dicen eso? Porque están tratando de hacer que sintamos que somos uno, que estamos juntos. Los compañeros tienen algo en común, una vida compartida, una experiencia similar.

Durante el tiempo de pandemia, este ha sido el valor que más ha sufrido. En uno de los artículos que mencionamos anteriormente, la autora plantea la pregunta: «¿Puede la comunicación digital reemplazar el contacto entre un humano y otro humano?».

En el sitio web de nuestra iglesia, cuando explicamos lo que es la comunidad, redactamos lo siguiente: «Creemos que Cristo nos salvó, no para vivir *aislados*, sino para vivir en una familia en la que recibimos una comunión *íntima* unos con otros. Esto crea un ambiente de discipulado, crecimiento, nutrición espiritual y *compañerismo* en la misión que Dios nos ha dado, para manifestar Su gloria».

Entonces, ¿puede la comunicación digital remplazar el contacto entre un humano y otro humano? Yo sugeriría que, a la luz de los tiempos, podríamos editar la pregunta y decir: ¿Es posible ser Iglesia de manera digital? ¿Podemos pastorearnos, animarnos, llorar juntos solo de manera virtual? ¿Cómo se puede tener una vida compartida en línea? ¿Cómo podemos tener una vida compartida con distanciamiento social?

Yo creo que la respuesta es que no se puede. Vamos a explorar en el libro esta respuesta en detalle, pero por ahora, solo quiero decir que, obviamente, lo que yo crea no importa, pero la Palabra de Dios así lo dice. No es posible migrar nuestra espiritualidad a un contexto totalmente *virtual* sin tener repercusiones en nuestra vida espiritual.

El apóstol Juan escribió: «Tenía muchas cosas que escribirte, pero no quiero escribírtelas con pluma y tinta, pues espero verte en breve y *hablaremos cara a cara*» (3 Jn. 13-14). Escribir cartas era el «en línea» de ese tiempo. Dice el texto que Juan quería ver a su destinatario cara a cara. Las palabras en el original son «boca a boca», e incluso para muchos de nosotros nuestras bocas están cubiertas por mascarillas. Con todo el cuidado que se necesita tener en el contexto de la pandemia, la Palabra de Dios nos anima y nos exhorta a ser Iglesia, y la Iglesia no puede ser un evento *en línea*.

Testimonios

Durante la pandemia, la familia López tuvo una experiencia muy interesante. Dios expuso que su experiencia dominical con luces, instrumentos y equipos caros no podía ser trasmitida en línea. Por primera vez, notaron que las charlas de los domingos se enfocaban más en las experiencias del orador que en la Biblia. Más que nada, notaron que esas charlas no les daban un fundamento sólido para navegar días tan tumultuosos. Un amigo les compartió una predicación bíblica. Dios, en Su misericordia, la usó para salvarlos. Inmediatamente, empezaron a buscar y encontraron una iglesia de sana doctrina que predica la Palabra.

Sin embargo, hay algo que les hace ruido, y una sutil frustración está empezando a entrar en su corazón. Pese a que han estado en la iglesia por ya casi un año y aman la enseñanza, aún se sienten como extraños, sin nadie que en realidad los conozca.

Por el otro lado, está Carolina. Ella fue parte del equipo de plantación de la misma iglesia. Debido a problemas con su familia, la joven iglesia se convirtió en una familia para ella. Todos se conocían con todos y había un gran sentido de compañerismo y comunidad. Ahora, ella también se siente incómoda y culpable. La anima ver que la iglesia está creciendo; pero si es sincera, no le gusta cómo su comunidad está cambiando. Hace poco, participó en un taller en línea y ha estado conversando con una hermana fiel en otro país. Ese compañerismo ha sido muy dulce, pero al mismo tiempo, desearía tener más profundidad con personas de carne y hueso con las cuales interactuar día a día.

Tanto los López como Carolina están luchando por pertenecer, y son nada más un ejemplo de lo que muchas personas sienten en sus iglesias. Las comunidades cristianas no son inmunes a los problemas relacionales de los que hemos hablado. Es más, para muchos, hablar de las relaciones dentro de la iglesia es un tema complicado que incluso puede traer malos recuerdos y abrir heridas. ¿Es posible que haya una mejor manera? Yo creo que sí, y vamos a pasar el resto del libro explorando las riquezas que encontramos en la Biblia para responder esa pregunta.

2

¿POR QUÉ UNA COMUNIDAD?

Las relaciones humanas son primordiales en todos los aspectos de la vida. Cuando las ráfagas de viento soplan y sacuden nuestras vidas, si sabemos que la gente se preocupa por nosotros, podemos doblarnos con el viento... pero no nos romperemos.
—Fred Rogers[14]

Hay algo que resuena en el corazón humano al pensar en la amistad y la comunidad. Piensa en la siguiente lista:

- El Chavo, Quico y la Chilindrina
- Frodo Baggins y Samwise Gamgee (o algunos dirían Merry y Pippin)
- Dominic Toretto y Brian O'Conner
- Maverick y Goose
- C-3PO y R2D2 (o Chewbacca y Han Solo)
- Woody y Buzz
- Mater y Rayo McQueen
- Pumba y Timón
- Lucy y Ethel

Desde la vecindad, la comarca, la velocidad de un auto o un avión, el cine icónico, dibujos animados o inclusive el espacio estelar, hay algo en estas historias que resuena en nuestra alma. Es más, este

[14] Fred Rogers, *Wisdom from the World According to Mister Rogers: Important Things to Remember* (White Plains, NY: Peter Pauper Press, 2006), p. 51.

anhelo intrínseco es tan importante que hay estudios que muestran que la cantidad y la calidad de las relaciones sociales afectan la salud mental, la salud física e inclusive el riesgo de mortandad.[15] Con respecto a este último punto, la escritora Kristen Weir cita un estudio que sugiere que la desconexión social es tan adversa como factores de riesgo comunes como la obesidad, la inactividad física e incluso fumar quince cigarrillos por día.[16] Este anhelo es parte de lo que nos hace humanos.

Pero ¿te has preguntado de dónde nace ese anhelo? Hay dos perspectivas que comúnmente responden a esta pregunta.

¿Se nace o se hace?

Desde una perspectiva secular humanista, esta necesidad relacional es parte de un proceso evolutivo que se ve más o menos así: El humano se dio cuenta de que no tiene la vista aguda de las aves; no puede subirse a un árbol tan rápido como los monos; no es tan fuerte como los rinocerontes; no puede correr tan rápido como un león. Esta cruda realidad pone al hombre ante una encrucijada en la cual, o inventa algo, o se extingue. En ese contexto, por primera vez, aparece la frase: «la unión hace la fuerza», y la comunidad se convierte en una herramienta clave en la supervivencia de la humanidad.

Con el paso del tiempo y el desarrollo de la sociedad, estas necesidades comenzaron a cambiar, y ahora quizá ya no necesitamos a otros que nos ayuden a encontrar comida o nos avisen si algún animal quiere devorarnos, sino que necesitamos a los demás para suplir nuestras necesidades psicológicas.

El influente psicólogo Abraham Maslow habla de una jerarquía de necesidades. En este contexto, la comunidad se convierte no solo en uno de los niveles, sino también en una herramienta para satisfacer

---

[15] Debra Umberson y Jennifer Karas Montez, *«Social relationships and health: a flashpoint for health policy». Journal of health and social behavior,* vol. 51. Suppl, (2010): S54-66. doi:10.1177/0022146510383501

[16] Weir, K. (2018, marzo). *Life-saving relationships. Monitor on Psychology*, 49(3). https://www.apa.org/monitor/2018/03/life-saving-relationships

otras necesidades. Con el contexto de la pandemia, Kate Murphy, del *New York Times*, sugiere que: «El reingreso (de la pandemia) ofrece la oportunidad de elegir qué relaciones deseamos resucitar y cuáles es mejor dejar inactivas».[17] En otras palabras, la comunidad solamente es importante mientras ayude a nuestros objetivos, y la pandemia ha dado la oportunidad de tener control de decidir a quiénes queremos en nuestra vida y a quiénes no.

Por otro lado, la idea de comunidad es algo que se habla comúnmente en el contexto cristiano. He escuchado que la necesidad de comunidad en el corazón humano se ve en que Dios escogió un pueblo (Deut. 7:6, Gén. 12, o quizás en Hechos 2, con la iglesia primitiva idílica). Después, la conversación inmediatamente gira al anhelo relacional desde una perspectiva espiritual y se mencionan los beneficios espirituales de la comunidad. Estos pueden incluir, entre otros:

- Compañerismo
- Comunión
- Rendición de cuentas
- Cuidado

Pese a que estos son beneficios o componentes de vivir en comunidad, debemos tener cuidado, ya que no muestran la base y el porqué de la comunidad.

Al final, ambos enfoques ven la comunidad como algo basado en el *yo*. La comunidad encuentra su base en responder a necesidades psicológicas o espirituales donde yo soy el centro. Dicho de otra forma, soy un consumidor. Yo defino qué es comunidad y para qué la quiero; yo defino cómo tiene que verse una comunidad y soy el juez que establece si es buena o mala; yo busco una comunidad basada en mis deseos, mis preferencias, mis objetivos. En otras palabras, muchas perspectivas del origen de la comunidad y las amistades ponen al hombre en el centro de la respuesta y, por ende, encontramos los problemas mencionados en el capítulo anterior.

---

[17] https://www.nytimes.com/2021/06/01/well/family/curate-friends.html

Vamos a hablar más delante de una perspectiva bíblica de comunidad, pero lo que quiero dejar en claro es que la idea de comunidad no encuentra su fuente en un proceso evolutivo, ni comienza con el pueblo de Israel, ni siquiera en la idea de la Iglesia como comunidad o en el impacto y beneficio que puede tener, sino en el principio mismo, con la creación del ser humano que encontramos en Génesis.

Contexto: Génesis y la base de la comunidad

Quizás no sabías que en los capítulos 1 y 2 de Génesis se encuentran dos relatos de la creación del hombre. Son dos relatos del mismo evento, pero desde perspectivas y con objetivos distintos. Es como cuando se graba un evento con dos cámaras. Ambas cubren el mismo evento, pero desde dos ángulos distintos. Una de las cámaras presenta un panorama completo de la escena, mientras que la otra hace un acercamiento de la persona que está hablando. Lo mismo sucede con los capítulos 1 y 2 de Génesis.

Génesis 1:26-31 es la cámara que nos da la perspectiva global, al presentar la creación del hombre de manera general; mientras que 2:7-25 es la segunda cámara, que nos da un acercamiento con un enfoque especial en los detalles de cómo Dios crea al ser humano.

Recordemos que Génesis es el libro de los orígenes. Literalmente, la palabra en griego de donde obtenemos su nombre significa «principio». El comienzo siempre es un buen lugar para obtener un buen entendimiento de un tema. Y gracias a Dios, tenemos dos cámaras que nos dan el fundamento de las relaciones interpersonales.

CÁMARA 1: CREADOS COMO SERES RELACIONALES

Veamos brevemente este relato histórico tan importante.

Las primeras palabras en la Biblia dicen: «En el principio creó Dios los cielos y la tierra». Desde el versículo 3, el texto nos cuenta lo que sucedió en los distintos días de la Creación, y observa que, a través de este suceso, el texto repite la palabra «bueno» varias veces.

El versículo 4 dice: «Y vio Dios que la luz era *buena*». Después, leemos en los versículos 6-8 que Dios crea el firmamento. En 9-12, vemos el tercer día, en el que Dios crea la vegetación, los océanos y la tierra, y en dos ocasiones más, la Escritura declara: «Y vio Dios que era *bueno*». Durante el cuarto día, en 14-19, se forman el sol, la luna y las estrellas. Los versículos 20-23 describen el quinto día en el que se crean las aves y las criaturas marinas. Nuevamente, Dios ve que es *bueno* (vv. 18 y 21). A continuación, tenemos el sexto día en los versículos 24-31, cuando el Señor crea los animales de la tierra y los seres humanos. Nota que el texto pone un énfasis especial en el versículo 31. Al contemplar la creación del hombre, Dios ya no dice solamente que todo era *bueno*, sino que «era *bueno en gran manera*». Finalmente, tenemos el séptimo día, en el cual Dios descansa (Gén. 2:1-3). En total, en el relato con la cámara general, vemos siete veces en las que se describe todo como *bueno*. Recuerda esto, porque va a ser importante más adelante.

Un poco de gramática nunca le hizo mal a nadie

Ahora, volvamos a Génesis 1:24-31, que relata la creación del hombre, y nos vamos a enfocar en el versículo 26, que dice: «Y dijo Dios: "Hagamos al hombre a nuestra imagen, conforme a nuestra semejanza; y ejerza dominio sobre los peces del mar, sobre las aves del cielo, sobre los ganados, sobre toda la tierra, y sobre todo reptil que se arrastra sobre la tierra"».

La palabra traducida como «Dios», en el original, es el término *Elohim*, que ya ha ocurrido veinticinco veces antes de llegar al versículo 26. Prácticamente aparece en cada versículo: «En el principio creó Dios [...]. Y el Espíritu de Dios [...]. Entonces dijo Dios [...]. Y vio Dios [...] y separó Dios [...]. Y llamó Dios [...]. Entonces dijo Dios [...]. E hizo Dios [...]». En este pasaje, por lo tanto, el enfoque está en Dios. Él es el personaje principal quien hace que las cosas sucedan.

Ahora, no quiero traer malos recuerdos de la escuela primaria, pero tenemos que usar un poco de gramática básica al llegar al versículo clave de esta sección. Cuando llegamos a Génesis 1:26, que comienza con la frase: «Y dijo Dios», lo que no se ve a simple vista es que la palabra *Elohim* en hebreo es lo que se conoce como un plural absoluto. No es un singular. Un plural se utiliza para referirse a varios sustantivos, mientras que un singular se refiere a uno solo. En hebreo, hay una palabra para describir a dos objetos y otro término para cuando hay tres o más. Eso es lo que tenemos en *Elohim*. Dios, por tanto, no es singular, sino plural.

En el Antiguo Testamento, tenemos también otros pasajes en los que Dios habla en plural:

> Entonces el SEÑOR Dios dijo: He aquí, el hombre ha venido a ser como uno de *nosotros*, conociendo el bien y el mal; cuidado ahora no vaya a extender su mano y tomar también del árbol de la vida, y coma y viva para siempre. (Gén. 3:22, LBLA)
>
> *Vamos, bajemos* y *confundamos* allí su lengua, para que ninguno entienda el lenguaje del otro. (Gén. 11:7)
>
> Y oí la voz del Señor que decía: «¿A quién enviaré, y quién irá por *nosotros*?». «Aquí estoy; envíame a mí», le respondí. (Isa. 6:8)

Hablando de plurales, el versículo 26 dice: «*Hagamos* al hombre a *Nuestra* imagen, conforme a *Nuestra* semejanza». Amigo, observa que no se dice «yo hagamos» o «tú hagamos»; eso es gramaticalmente incorrecto. Esta es la forma verbal de la primera persona plural: «nosotros hagamos». El versículo no dice «a *mi* imagen, conforme a *mi* semejanza». Dios habla aquí en primera persona del plural.

Algunos quizás se sientan decepcionados, porque querían leer sobre amistades bíblicas y no sobre gramática, pero debemos entender que, muchas veces, es por el descuido en el análisis gramatical que pueden entrar doctrinas extrañas y herejías a las iglesias. Es necesario que pongamos atención a los detalles de la gramática, puesto que, al estudiar estas palabras de un modo más profundo, tendremos una perspectiva más clara, amplia y correcta de quién es Dios y en nuestro estudio sobre para qué fuimos creados.

La comunidad divina nos crea para comunidad

Estos plurales apuntan a algo profundo y fundamental al pensar en las amistades y las relaciones interpersonales. En este pasaje de la Biblia los plurales resaltan la naturaleza de la Deidad como un Dios trino.

No realizaremos un estudio profundo de la doctrina de la Trinidad, pero quiero que pienses que Padre, Hijo y Espíritu Santo son una comunidad, y no solo eso, sino que han existido en una comunidad perfecta por toda la eternidad. Lo vemos en la Escritura: «En el principio *Dios* creó los cielos y la tierra. La tierra estaba sin orden y vacía, y las tinieblas cubrían la superficie del abismo, y el *Espíritu* de Dios se movía sobre la superficie de las aguas» (Gén. 1:1-2). Desde el inicio, las tres personas de la Trinidad trabajan juntas. También podemos ver al Hijo y al Espíritu Santo involucrados en la Creación en varios versículos de la Escritura.

Colosenses 1:15-16, hablando de Jesús, declara: «Él es la imagen del Dios invisible, el primogénito de toda creación. Porque en Él fueron creadas todas las cosas, tanto en los cielos como en la tierra, visibles e invisibles; ya sean tronos o dominios o poderes o autoridades; todo ha sido creado por medio de Él y para Él». Ahí está Cristo en la creación. La comunidad en la Trinidad actúa desde el primer día. En el Salmo 104:30, observamos el trabajo activo del Espíritu Santo en la formación del mundo: «Envías Tu Espíritu, son creados, y renuevas la superficie de la tierra». Esto es lo que la Iglesia ha sostenido desde el tiempo de los padres de la Iglesia, pasando por la Reforma, hasta nuestros días. Dios es uno en tres personas.

Amigo, es increíble que tengamos la oportunidad de escuchar el diálogo de la amistad perfecta y eterna de Dios. El diálogo trinitario de Génesis 1:26 nos muestra que fuimos creados a la imagen y semejanza del Dios trino, y ahí se encuentra el principio de nuestro anhelo relacional. Es asombroso que nuestra existencia como humanos y como seres de comunidad tenga su inicio en el consejo divino y sublime de la comunidad perfecta.

IMPLICACIONES

Las relaciones no son opcionales

Cada uno de nosotros proviene de un contexto distinto y tiene su historia (y bagaje relacional). Entiendo que, para algunos, hablar de relaciones puede abrir cicatrices profundas. Puedes decir: «Yo ya intenté eso de las relaciones, y mira cómo terminé». A otros les gusta el concepto de la comunidad, pero prefieren vivir por separado e involucrarse solo cuando sea necesario.

Algunos dirán que no necesitan de otras personas porque son suficientes en sí mismos, pero el texto bíblico nos muestra que Dios nos creó para que, en lo más básico de nuestro ser, necesitemos estar en comunidad. Este texto nos enseña que la comunidad no es algo opcional. Hay personas que están leyendo este libro, pese a que una y otra vez han sido lastimadas al relacionarse. ¡Es por este motivo que sigues volviendo!

No podemos vivir solos. Esto es crucial porque el mundo nos empuja de muchas formas a abrazar la filosofía de «lo importante eres tú mismo, tu verdad, tú en primer lugar, tú, tú, tú…». Sin embargo, el Señor, desde el primer momento que empieza a hablar de la humanidad, lo hace en el contexto de una comunidad, como un «nosotros», por lo cual los seres humanos también debemos vivir como un «nosotros».

Si eres creyente, eso es especialmente importante. La Escritura no concibe a un «cristiano agente especial 007» que vive solo y se dedica solamente a lo suyo. La comunidad cristiana es para todos. Dios habla en primera persona del plural, al decir «Hagamos al hombre a *nuestra* imagen, conforme a *nuestra* semejanza».

Tenemos un modelo para la comunidad

Ahora, Dios no solamente es comunidad, sino que es el modelo, el estándar, el ejemplo y la definición de comunidad. Amigo, no podemos basar nuestro concepto y práctica de amistad y relaciones en la experiencia que hayamos tenido en un grupo, en una congregación, en una percepción basada en redes, o en el conjunto de personas con el cual nos sentimos más cómodos. Al contrario, nuestros ojos deben estar puestos en el ejemplo de Dios.

El Señor deja en claro que nos ha creado a Su imagen, lo que significa que nos formó con la necesidad de vivir en comunidad, y por eso, la Biblia dice mucho sobre cómo vivir en comunidad y forjar relaciones profundas. Más adelante nos enfocaremos en eso. Por ahora, quiero que notemos que el mundo tiene mucho que decir sobre este tema, y comúnmente se vincula a las relaciones con cuestiones psicológicas, antropológicas o sociológicas. En ocasiones, estas disciplinas nos ayudan a entender mejor algunos elementos, pero nosotros, los que creemos en la autoridad de la Biblia, sabemos que necesitamos comunidad porque Dios nos creó así, y debemos poner mucha atención a lo que Dios nos enseña sobre qué es una comunidad y cómo vivir en ella.

Dios sociable, no fumador, poderoso, busca compañía de humanidad. Preferible si le da su corazón y no le importa hacer largas caminatas en desiertos.[18]

Como mencionamos anteriormente, la humanidad busca en la comunidad llenar algo que le falta. Lamentablemente, esta perspectiva se ha proyectado a Dios. En contextos cristianos, suele hablarse del Señor de esta manera: «Dios nos creó porque estaba tan solo y necesitado de compañerismo; por eso, recibe a Cristo en tu corazón». ¡Eso es totalmente ajeno a la Biblia!

---

[18] Este título fue inspirado en una frase del capítulo 2 de Michael Reeves, *Deleitándonos en la Trinidad: Una introducción a la fe cristiana*, Editorial Bautista Internacional, 2021.

Dios no estaba solo (como cuando nos pusieron en cuarentena), aburrido y necesitado, y de repente se le ocurrió la idea de crear a la humanidad para ayudarlo en Su soledad. ¡No es así! Dios es poderoso, es soberano. En Juan 17:5, Jesús dice: «Y ahora, glorifícame Tú, Padre, junto a Ti, con la gloria que tenía contigo antes que el mundo existiera». Este versículo no muestra soledad ni necesidad, sino perfecta relación y total satisfacción entre las personas de la Trinidad desde antes de la creación del mundo. Algo similar observamos en Juan 17:24: «Padre, quiero que los que me has dado, estén también conmigo donde Yo estoy, para que vean Mi gloria, la gloria que me has dado; porque me has amado desde antes de la fundación del mundo».

No tenemos un Dios desamparado que se siente miserable si no nos acercamos a Él. Al contrario, Él es un Dios poderoso. Por esa razón, nuestro propósito es que no vivamos para nosotros mismos, sino para Él (2 Cor. 5:15). Si anclamos nuestra búsqueda de relaciones profundas en la autosuficiencia de Dios, estaremos fijando nuestras relaciones en la única comunidad que nos puede mantener firmes. Si no tenemos una teología adecuada de quién es Dios, entonces es ahí donde surgen los problemas relacionales comunes. La codependencia, el temor al hombre, las amistades tóxicas y todos los dramas que tenemos en las relaciones interpersonales nacen porque ignoramos o nos olvidamos que las relaciones tienen su origen en Dios.

3

¿PARA QUÉ UNA COMUNIDAD?

Entonces el SEÑOR Dios dijo:
«No es bueno que el hombre esté solo...»
(Gén. 2:18)

Mi hijo estaba en un aprieto. En nuestra iglesia y círculo social era el único varón en un mundo de color rosa y princesas. Con el tiempo, su amigo Tadeo nació y las cosas cambiaron.

Ahora, nos habla de Tadeo, hace planes de su próxima visita a Tadeo, cuando salimos a alguna reunión se emociona y pregunta si Tadeo va a estar, e inclusive lleva dos juguetes: uno para su amigo Tadeo. Los padres de Tadeo nos comentan que en su hogar pasa lo mismo, y que Tadeo habla de su amigo Knox.

Al escuchar sobre esto, una persona en la iglesia dijo: «¡Son *BFF's*!».

Si esas siglas son nuevas para ti, déjame explicarte. *BFF* es un acrónimo de la frase en inglés *Best Friends Forever* [mejores amigos por siempre], que apareció por primera vez en un capítulo de la serie televisiva *Friends*. Desde entonces, esta frase se usa para identificar a amigos inseparables. Se podría decir que todas las personas buscan tener un *BFF*.

En relación con mi hijo, se podría decir que parte del comentario vino de la idea de que «no es bueno que el hijo del pastor esté solo». Y encontrar un *BFF* fue la respuesta perfecta.

De manera similar, en el mundo, las personas buscan tener amigos, un *BFF*, una media naranja como la solución a la soledad. Las relaciones se ven primordialmente con el objetivo de no sentirse solo, tener alguien con quién compartir, recibir apoyo, tener alguien con quién divertirse, encontrar cariño, etc. Ahora que hemos visto el motivo de las relaciones, vamos a ver el objetivo de las relaciones.

CÁMARA 2: EL OBJETIVO DE LAS RELACIONES

El relato del capítulo 1 nos muestra la Creación de forma general y resalta que el hombre es único. Ninguna otra cosa creada es hecha a imagen y semejanza de Dios, solo el ser humano. Por tanto, la cúspide de la creación es la formación del ser humano, hecho a la imagen de Dios como hombre y mujer que necesita comunidad, porque el Señor es comunidad.

Ahora, el relato de Génesis 2 se enfoca con detenimiento en cómo Dios creó a la humanidad y responde al *para qué* de las relaciones interpersonales.

Algo no está bien

El versículo 18 del capítulo 2 declara: «Entonces el SEÑOR Dios dijo: "No es bueno que el hombre esté solo; le haré una ayuda adecuada"». La redacción original en hebreo no comienza con «Entonces el SEÑOR Dios dijo», sino con: «No es bueno». Una traducción literal sería: «No es bueno —dice Dios— que el hombre esté solo».

Este detalle es de suma importancia, porque aquí el autor desea enfatizar un punto muy importante. Recordemos que en Génesis 1, los versículos 4, 10, 12, 18, 21 y 25 nos dicen que todo en la Creación de Dios era *bueno*. Ahora, de repente, ¡algo ya no es bueno! Puedes escuchar que la audiencia se queda sin aliento. Hay una conmoción que desea captar la atención de su audiencia, al decir: «No es bueno».

Pregunta: ¿Qué es esto que no es bueno?

Respuesta: Que el hombre esté solo.

Hagamos una pausa para reflexionar en la importancia de este punto. Estamos hablando de la Creación. Tú y yo no podemos crear como Dios, puesto que Él crea de la nada. Nosotros necesitamos ingredientes, por ejemplo, si queremos crear un plato de comida. Cuando terminamos de prepararlo, lo probamos y lo calificamos: me salió bien o no me salió bien.

Supongamos que no quedó tan bien. Hay varios motivos. En primer lugar, todos nuestros esfuerzos por crear algo se ubican después de la caída. Eso significa que los ingredientes podrían haberse dañado o no tener el mejor sabor. Además, después de la caída, tenemos problemas de concentración. Tal vez estabas poniendo toda tu atención en lo que estabas cocinando, pero de repente algo sucedió, te distrajiste, y tu plato se quemó. Es más, incluso, si el plato salió bien, quizás la persona que lo probó tenía COVID, lo cual no le permitió saborearlo, o te dijo: «La vez pasada te salió mejor».

Pero ¿por qué estamos hablando de esto? Simplemente para darnos cuenta de que, hoy en día, todo lo que creamos sufre el impacto de la caída. Cuando, al ver al hombre solo, el Señor dice: «No es bueno», esto tuvo lugar antes de la caída, y no solo eso, sino que el chef es Dios mismo.

El término que se traduce como «bueno» se utiliza 482 veces, y en la Biblia de las Américas se traduce como «agradable», «satisfactorio», «hermoso», «próspero», «alegre», «bondadoso», «favorable», «mejor», algo que está bien, que es bueno.

Observemos lo que sucede aquí. *La soledad de Adán es un problema para Dios*. Dios, al ver al hombre solo, sin que haya entrado el pecado en el mundo, dice, de acuerdo con Su carácter perfecto, que esto no está bien; que no es satisfactorio, no es agradable que Adán esté solo.

¿Por qué la soledad de Adán es un problema?

La perspectiva común es que Dios mira al hombre en la creación y se da cuenta de que la compañía de su gato, perro o caballo no es suficiente. Lo ve solo y aburrido, y eso lleva a Dios a brindar la solución lógica de darle una esposa. Una esposa lo ayudaría y curaría su soledad. Esta es una versión simplista, pero generalmente se enfoca en que el hombre es una víctima de la soledad y por ende necesita comunidad. Sin embargo, si pensamos en el contexto, notamos que Adán no estaba completamente solo ni necesitaba de otros para encontrarse a sí mismo y realmente vivir.

El Señor formó al hombre de la tierra, y Génesis 2:7 dice que Dios sopló directamente Su aliento de vida en él. Este detalle es importante, porque su vida procede solamente de Dios. Es crucial entender esto para nuestras relaciones, ya que muchas veces buscamos en una relación lo que solo Dios nos puede dar. Por ejemplo, nos encontramos pensando: «Solo voy a estar completo cuando encuentre un mejor amigo, cuando tenga un cónyuge, cuando tenga hijos; sin esa persona, no puedo vivir; si tan solo tuviese la amistad de ______; si tan solo las cosas funcionan a nivel horizontal, la vida tendría sentido». Eso no es verdad. Dios es quien da el aliento y la vida al hombre.

Por otro lado, Dios no solamente sopló Su aliento de vida en el hombre, sino que vemos que el Señor caminaba por el huerto del Edén. Jonathan Holmes menciona que esta imagen de caminar en el jardín muestra una imagen hermosa de amistad e intimidad entre Dios y el hombre.[19] Así que Adán no sufría de soledad. El inconveniente de la soledad de Adán no se basa en una carencia afectiva o relacional, sino en que está incompleto para alcanzar su objetivo y cumplir la misión que Dios le encargó.

El hombre es diferente del resto de la creación en cuanto fue creado a imagen de Dios (Gén. 1:26-27), o lo que comúnmente se conoce con la frase latina *imago Dei*. El hombre, al ser creado a imagen de Dios, tiene el rol de representar al Creador en la tierra de varias maneras que los animales y el resto de la creación no pueden. Tiene la capacidad de pensar racionalmente, como un ser moral y espiritual, y de emitir juicios, entre otras características que lo hacen *imago Dei*. Pero, debido a que Dios es comunidad, el hombre no puede cumplir con el propósito para el cual fue creado solo. El ser humano no puede reflejar individualmente la gloria de Dios y por eso «no es bueno que el hombre esté solo».

---

[19] https://ibcd.org/friendship-mens-panel/

El objetivo glorioso de las relaciones

En su libro sobre relaciones, Paul Tripp y Tim Lane hacen el siguiente comentario acerca de este versículo: «Esta declaración tiene más que ver con el diseño de Dios para la humanidad que con la codependencia de Adán en las relaciones».[20] En otras palabras, la comunidad no es el lugar adonde corremos para buscar llenarnos, sino que es una herramienta que el Señor nos ha dado para poder mostrar al mundo quién es Él. Dios le da vida a Adán con Su soplo. El hombre no estaba solo, pero no tenía lo necesario para poder cumplir lo que Dios le mandó que hiciera, el privilegio y la responsabilidad de proyectar al Dios vivo que es comunidad.

Esto debería cambiar por completo nuestra perspectiva de las amistades y las relaciones interpersonales. Demasiadas veces se escucha sobre personas que han buscado tener una relación de amistad o una relación en la comunidad cristiana para luego alejarse con el pretexto de que los demás no las sirvieron ni las trataron como querían. ¿Por qué? Porque el estándar lo ponemos nosotros, porque buscamos en las relaciones la vida que solo Dios nos puede dar. Muchos cristianos hoy en día buscan amistades o se involucran en congregaciones con la mentalidad de que la comunidad existe «para servirme a mí». Pero este pasaje nos enseña lo contrario: entramos a formar parte de una comunidad para servir a Dios y mostrar Su gloria.

Y no se avergonzaban

Al escribir este libro les hice a distintos grupos de personas varias preguntas que encontrarás aquí. Una de las primeras preguntas fue: «¿Qué buscas en una amistad?». Una respuesta común fue la idea de *vulnerabilidad*. Al pensar en una amistad, queremos personas con las cuales podamos «ser nosotros mismos», sin temor a ser rechazados.

---

[20] Paul David Tripp y Timothy S. Lane, *Relationships: A Mess Worth Making* (Greensboro, NC: New Growth Press, 2006). Edición para Kindle, p. 9.

Hasta el momento, Dios nos muestra cuál es la base de la comunidad, el objetivo de la comunidad, pero no se queda ahí. Dios forma a Eva de manera distinta a cómo formó al hombre. El Señor pone a dormir al hombre y crea a su compañera de vida y ayuda idónea de su costilla (Gén. 2:22). Pongamos nuestra atención en el resumen de lo que ocurre después, en ese primer encuentro en el versículo 25. La Biblia dice: «Ambos estaban desnudos, el hombre y su mujer, pero no se avergonzaban».

Muchas veces, se interpreta este versículo solamente en relación con la sexualidad y el acto matrimonial, y aunque el versículo 25 sí tiene su base en la relación entre esposo y esposa, no podemos limitarlo solo a esa área. En su libro sobre disciplinas espirituales, al hablar de Génesis 2:18, Kent Hughes afirma: «Aunque esto está relacionado directamente con la creación de Eva, es a la vez una afirmación ontológica fundamental en cuanto a la naturaleza del hombre, que es, quiéralo o no, un ser relacional, cuyo crecimiento y significado se encuentran en sus relaciones».[21]

Esto es significativo por tres motivos.

En primer lugar, debido a que hemos empaquetado Génesis 2:18 solamente en el contexto del matrimonio, muchos cristianos piensan que la cúspide y la realización de la vida relacional llega solamente en el matrimonio. He oído a hermanas fieles lamentarse por creer que solo encontrarán propósito para sus vidas cuando hallen un esposo y puedan ser una ayuda idónea. Se habla de la soltería como algo que te convierte automáticamente en ciudadano relacional de segunda clase, que encontrará su promoción cuando se case. ¡Esto no es bíblicamente correcto!

En segundo lugar, este pasaje se refiere también a que Adán y Eva vivían en una relación de total vulnerabilidad y armonía. Ernesto Trenchard comenta: «Disfrutaban plenamente de la serenidad y la bienaventuranza propias de una vida en comunión ininterrumpida con Dios, lo que les permitía ordenar perfectamente sus relaciones

---

[21] Kent Hughs, R., *Las disciplinas de un hombre piadoso* (Miami, FL: Editorial Patmos, 2015), p. 63.

personales y todo su comportamiento».[22] ¿Acaso no es eso lo que quisiéramos en una amistad? Nuestro corazón anhela poder acercarnos a una persona que nos conoce y con la cual no hay vergüenza. Es un regalo de Dios encontrar a ese amigo con el que podemos mostrarnos tal como somos y aún así nos ama. De cierta manera, podemos estar «desnudos» sin avergonzarnos, apoyándonos mutuamente. Es claro que la única esperanza para ser realmente conocidos esta anclada en una relación con el Creador de las relaciones.

Finalmente, Hughes menciona que la humanidad encuentra su crecimiento y significado en las relaciones. Como mencioné, este concepto está bajo ataque en nuestro tiempo. Anteriormente, si alguien preguntaba quiénes somos, podíamos responder que somos el padre, el hijo o el hermano de alguien, con cierto aire de dignidad y normalidad. Hoy en día, ese tipo de identidad se ve con malos ojos, ya que se te anima a encontrar tu identidad en ti mismo. Por un lado, está bien que reconozcamos los dones y las habilidades que Dios mismo nos ha dado, pero existe un peligro cuando el enfoque en nosotros evita que un creyente se vea como parte de algo mayor.

Carl Trueman concuerda con este enfoque en su importante obra de análisis y evaluación de la cultura. Comenta:

> El ateniense antiguo estaba comprometido con la asamblea, el cristiano medieval con su iglesia y el trabajador de fábrica del siglo XX con su sindicato y club de trabajadores. Todos ellos encontraban su propósito y bienestar comprometiéndose con algo fuera de sí mismos. En el mundo del hombre psicológico, sin embargo, el compromiso es ante todo consigo mismo y está dirigido hacia el interior. Así, el orden se invierte. Las instituciones externas se convierten en efecto en las sirvientas del individuo y su sentido de bienestar interior.[23]

---

[22] Ernesto Trenchard y José M. Martínez, *El libro de Génesis*, Cursos de estudio bíblico (Grand Rapids, MI: Centro Evangélico de Formación Bíblica, 1998), p. 85.

[23] Carl R. Trueman, *The Rise and Triumph of the Modern Self* (Wheaton, IL: Crossway, 2020), Edición para Kindle, p. 45.

Hoy en día, la gente tiene la tentación de no buscar ser parte de una comunidad más grande, sino que se preguntan: «¿Cómo me ayuda esto a mostrarme como más grande?». Amados, la comunidad cristiana es un lugar que Dios nos ha dado para poder crecer juntos sin vergüenza para un objetivo sublime: mostrar las excelencias de Dios. Para citar de nuevo a Tripp y Lane: «Solo cuando los seres humanos vivimos en comunidad, reflejamos plenamente la semejanza de Dios».[24]

IMPLICACIONES

Las relaciones no son Dios

Mientras reflexionas en la necesidad de vivir en compañerismo, ten cuidado con tu corazón, porque no fuimos creados para encontrar lo que solo Dios puede dar, ni siquiera en la bendición de una comunidad. Debemos entrar en una comunidad con mucho amor, sin la perspectiva errónea de esperar que las demás personas llenen en nosotros lo que tan solo puede ser llenado por el Dios trino y perfectamente relacional.

¿Cuáles son algunas relaciones en tu vida que suelen querer reemplazar a Dios?

Las relaciones nos permiten ser conocidos

Génesis 2 muestra la relación idílica. Aquí vemos al hombre antes de la caída caminando en el huerto con Dios y compartiendo sin máscaras y en vulnerabilidad perfecta uno con otro. Esta es la imagen de comunidad que está impresa en el corazón humano.

Las relaciones tienen un propósito más grande

Amados, esto es importantísimo. Por lo regular, no nos damos cuenta de que las relaciones con nuestro cónyuge, familia, amigos, colegas, etc., tienen su comienzo en la forma en que entendemos la Trinidad y como objetivo mostrar quién es Dios.

---

[24] Tripp y Lane, *Relationships,* p. 28.

4

EL COLAPSO DE LA COMUNIDAD

«Algunas de nuestras alegrías más profundas y heridas más dolorosas han sido en las relaciones. Hay momentos en los que desearíamos poder vivir solos y otras veces nos alegramos de no hacerlo».[25]

Hasta este momento, Génesis relata la belleza y la creatividad de Dios que culminan en la creación del ser humano. En Génesis 1, el Señor ve Su creación y declara que todo era bueno. En el capítulo 2, vemos que en un mundo antes de la caída, la única cosa que no era buena era que el hombre estuviera solo. En el clímax de la historia, vemos que el Dios trino, que es comunidad en sí, forma al hombre y a la mujer a Su imagen y semejanza con el objetivo de representarlo. Parte de tan elevada misión se encuentra en el contexto de una relación íntima con Dios y vulnerable el uno con el otro. Es en el principio de la historia de la humanidad, al ser creados a imagen de Dios, donde encontramos tanto el fundamento de nuestro anhelo relacional como el objetivo y estándar de las relaciones.

Ahora, si nos saltamos al capítulo 4 de Génesis, observamos que algo ha pasado. El inicio del relato suena emocionante al escuchar sobre los primeros hermanos. Con el trasfondo que vimos anteriormente, este debería ser el principio de una historia increíble de compañerismo y amistad, pero es exactamente lo opuesto a lo que ocurre. La historia da un giro inesperado y un hermano asesina al otro por celos e ira.

Más adelante, en el capítulo 5, leemos sobre la descendencia de Adán. Es una genealogía marcada por la muerte («y murió» se repite

---

[25] Tripp y Lane, *Relationships,* p. 6.

en los versículos 5, 8, 11, 14, 17, 20, 27 y 31). En Génesis 6, observamos que la tierra está llena de violencia. Esta palabra está muy conectada con maltrato relacional, ya sea por violencia física, trato severo, palabras injuriosas, odio, etc. Por eso, la evaluación de Dios es que el ser humano es malvado todo el tiempo (Gén. 6:5). En los capítulos siguientes de Génesis, tenemos muerte, asesinatos, ira, mentiras, conflictos, vergüenza, orgullo y todo tipo de maldad que afectan a la humanidad y sus relaciones. Como vimos en el capítulo 1, nosotros nos unimos a esa cronología de dolor y tensión relacionales.

En primer lugar, todos cargamos cicatrices de amistades fragmentadas, amores rotos y expectativas frustradas mientras, al mismo tiempo, no podemos negar que de manera activa o pasiva hemos colaborado en las cicatrices en otros. En segundo lugar, notamos que las relaciones son difíciles y requieren esfuerzo. Como mencionamos anteriormente, en tiempos de un exceso de conectividad, hay personas que experimentan un exceso de soledad, y aun cuando encontramos un amigo, nos cuesta ser buenos amigos.

Confieso que tuve que detenerme varias veces mientras escribía este capítulo, al escuchar: «¡Papi, mi hermano me quitó un juguete!», y esto me llevó a preguntarme: ¿Por qué el conflicto es algo tan natural para el corazón humano? Y no me refiero nada más a mis hijos, sino que, si soy sincero, a mi propio corazón. La tensión es real y brutal. Mientras nuestro corazón desea las relaciones idílicas que vimos en los capítulos 1 y 2, podemos ver las heridas y dificultades que nos llevan a preguntamos si en realidad las relaciones valen la pena. En las palabras de Tripp y Lane: «Algunas de nuestras alegrías más profundas y heridas más dolorosas han sido en las relaciones. Hay momentos en los que desearíamos poder vivir solos y otras veces nos alegramos de no hacerlo».[26]

¿Qué ocurrió? En primer lugar, notemos que los versículos 1-5 de Génesis 3 exponen la tentación de la serpiente. El texto muestra cómo el diablo actúa y la estrategia astuta de la serpiente es atacar la Palabra de Dios.

---

[26] Tripp y Lane, *Relationships,* p. 6.

Ataque 1: «¿Conque Dios les ha dicho...?»

En Génesis 3:1 observamos que el ataque inicial del diablo contra el Señor no es abierto; más bien, es muy sutil. No es un argumento, sino una simple insinuación en forma de una pregunta que hace que los papeles cambien.

Es increíble que en el capítulo anterior de Génesis, Adán y Eva ni siquiera existían, pero ahora el diablo irrumpe al darle una plataforma a la humanidad y sugerir que la Palabra de Dios quede bajo el escrutinio del hombre. La Palabra de Dios es la que debe estar por encima del ser humano, pero el tentador nos inyecta la idea de que nosotros podemos convertirnos en jueces de la Escritura y emitir opiniones y juicios respecto a lo que el eterno Dios, Señor y creador ha dicho.

Ataque 2: «De ningún árbol»

Satanás no solo cuestiona a Dios, sino que, en segundo lugar, tergiversa la Palabra del Señor. Nuevamente, es una estrategia muy sutil. El diablo usa la Palabra de Dios, pero no con precisión y cuidado. El Creador no dijo «ningún», eso exagera un detalle. Solo había un árbol del cual no podían comer (Gén. 2:16-17). Al exagerar en ese pequeño detalle, el diablo logra que Adán y Eva duden de la bondad de Dios. Esto es exactamente lo que Satanás sigue haciendo hoy en día al pintar el seguir a Cristo como una lista de cosas que uno no puede hacer, pero no es así. De hecho, es todo lo contrario. En el huerto del Edén, el hombre tenía muchas opciones para comer, pero solo un árbol estaba prohibido. El propósito del diablo es que nos enfoquemos en lo poco que, con amor y propósito, el Señor nos ordena que no hagamos, en lugar de que nuestros ojos estén en todas las riquezas de la gracia y la bondad de Dios (Ef. 3:16-19). Finalmente, recordemos que Satanás sigue usando la misma estratagema hoy en día, cada vez que alguien utiliza la Escritura y la tuerce en «pequeños» elementos que muchas veces pasamos por alto y no queremos darles importancia. ¡Pero sí importan! (Deut. 4:2, Apoc. 22:18-19).

Después de la pregunta sutil de la serpiente, el texto bíblico describe la respuesta de Eva en los versículos 2-3. Es importante notar que, aunque finalmente Eva cae, en un principio, ella corrige al diablo y le asegura que pueden comer del fruto de todos los árboles. Así que comienza bien, pero luego entra en el juego de Satanás al tergiversar también la Palabra cuando añade la frase «ni lo tocaréis» (v. 3). Aunque parece una buena idea no tocar el árbol del cual tenían prohibido comer el fruto, la verdad es que Dios no dijo esas palabras. El diablo logró su objetivo de sembrar la duda en el corazón de Eva. De manera similar, va mermando poco a poco nuestra confianza en la Palabra de Dios, cuando añadimos cosas que el texto no dice.

Ataque 3: «Ciertamente no morirán»

Una vez sembrada la duda, Satanás ve su oportunidad para atacar, y abiertamente lanza su mentira en los versículos 4-5. Es un cuestionamiento frontal al Señor. La serpiente acusa al Dios verdadero y perfecto, al que define la verdad, de ser un mentiroso. Este es un ataque a los pilares que estudiamos anteriormente en Génesis, donde Dios deja de ser el estándar y se convierte en sujeto de cuestionamientos.

El Señor había establecido el ejemplo de lo que es mejor para este mundo, pero el ser humano comienza a buscar otras opciones y el demonio esta listo para ofrecérselas. De cierto modo, Satanás pinta a Dios como un ser necesitado y codependiente que no desea lo mejor para Sus criaturas, y no como el estándar de comunidad perfecta. La voz del diablo todavía se oye con fuerza en un mundo que enseña que la identidad de un individuo se encuentra dentro de sí mismo y no en la persona de Dios.

¡Este es el momento clave! Hasta ahora, Eva y el diablo solo han tenido un diálogo que va por mal camino, pero todavía es solamente una tentación. En este punto, la mujer está a tiempo de arrepentirse, de confiar en Dios y de dejar de escuchar a una serpiente. La historia pudo haber sido diferente. Sin embargo, el versículo 6 nos cuenta cuál fue la decisión de Eva:

> Cuando la mujer vio que el árbol era bueno para comer, y que era agradable a los ojos, y que el árbol era deseable para alcanzar sabiduría, tomó de su fruto y comió. También dio a su marido que estaba con ella, y él comió. (Gén. 3:6)

Aquí es donde la humanidad cruza la línea. Un teólogo lo expresa de la siguiente manera: «Así el tentador marca su afirmación esencial en contra de la Palabra y las obras de Dios, al presentar el amor divino como envidia, el servicio como servilismo y un clavado suicida como un salto a la vida».[27] Es el mismo patrón que se repite en la tentación de Cristo y en nuestras tentaciones: «Si te postras delante de mí, todo será tuyo» (Luc. 4:7).

Este versículo es muy importante, porque aquí se aprecia cómo los deseos motivan las acciones del ser humano. Como veremos más adelante, el corazón es fundamental en las amistades. Eva actuó porque primero deseó algo en su corazón. En Lucas 6:45, Jesús afirma: «El hombre bueno, del buen tesoro de su corazón saca lo que es bueno; y el hombre malo, del mal tesoro saca lo que es malo; porque de la abundancia del corazón habla su boca». De la abundancia del corazón viene cómo afrontamos las situaciones, cómo tratamos a las personas, cómo nos relacionamos con los demás.

LAS CONSECUENCIAS DESGARRADORAS

En Génesis 2:17, Dios advirtió: «Del árbol del conocimiento del bien y del mal no comerás, porque el día que de él comas, ciertamente morirás». El castigo por la desobediencia era la muerte. Sin embargo, cuando Adán y Eva comieron del fruto, no murieron inmediatamente de manera física, pero podemos ver varios tipos de muerte.

---

[27] Derek Kidner, *Genesis: An Introduction and Commentary*, vol. 1, *Tyndale Old Testament Commentaries* (Downers Grove, IL: InterVarsity Press, 1967), p. 73.

Muerte en el plano vertical y horizontal

En primer lugar, su muerte fue la separación con el Dios que respiró vida a la humanidad y con quien tenían un compañerismo perfecto. De ahí en adelante, todos nacemos muertos en nuestros delitos y pecados, ya que compartimos los deseos, las acciones y la culpa de nuestros antepasados, Adán y Eva. Si bien ellos fueron los primeros en pecar, nosotros hemos seguido sus pasos. Desde ese momento, la vital relación vertical con Dios muere, y eso tiene efectos en el plano horizontal.

El texto declara: «Entonces fueron abiertos los ojos de ambos, y conocieron que estaban desnudos; y cosieron hojas de higuera y se hicieron delantales» (Gén. 3:7). ¿Puedes notar el contraste entre Génesis 3:7 y 2:25? Cuando el Señor creó a Adán y Eva, el texto dice que «estaban ambos desnudos, el hombre y su mujer, y no se avergonzaban» (Gén. 2:25). Observa que, después de pecar, su primer impulso fue revertir Génesis 2:25 al cubrirse. Esta es una segunda muerte. La muerte en el plano vertical con Dios trae muerte en el ámbito horizontal en nuestras relaciones. Si bien es verdad que esta segunda muerte no es una muerte tan grave como la separación con Dios, cada persona experimenta en carne propia la muerte de las relaciones idílicas que vimos anteriormente, y eso es trágico.

En las relaciones queremos ser conocidos y sinceros. Todos deseamos tener esos amigos o ese matrimonio que terminan nuestras oraciones, con los cuales hacemos todo juntos, que nos entienden y los entendemos, con quienes compartimos todo y nos aman pese a vernos como en realidad somos. Nada de máscaras ni fingimiento, sino absoluta vulnerabilidad. Después de la caída, Adán y Eva se escondieron el uno del otro. Con la caída, murieron las relaciones que Dios tenía en mente cuando creó al ser humano; quedaron arruinadas. En este mundo caído, nos ocultamos porque no sabemos si podemos confiar en los demás y nos asusta e intimida que nos vean tal como somos.

Nos escondemos

El versículo 8 declara: «Y oyeron al SEÑOR Dios que se paseaba en el huerto al fresco del día. Entonces el hombre y su mujer se escondieron de la presencia del SEÑOR Dios entre los árboles del huerto» (Gén. 3:8). El ser humano no solamente se esconde de Dios (la comunidad perfecta), sino que es interesante notar que tanto Adán como Eva se esconden. Es una actividad que realizan en comunidad.

Hace diez años, empecé a practicar jiu-jitsu brasilero, y tenía una camiseta con un logotipo del deporte. Esa camiseta permitió muchas conversaciones y una conexión inmediata con otros practicantes de la misma actividad. Adán y Eva se escondieron. No sabemos si se escondieron en el mismo lugar o por separado, pero el texto bíblico nos muestra que los dos realizaron la misma acción. Esto los hace comunidad. Es la primera comunidad humana que tiene compañerismo pecaminoso. Es trágico que no sea una comunidad basada en animarse a buscar a Dios y Su perdón. Más bien, en comunidad, tomaron juntos la decisión de esconderse.

Al final de Génesis 3:6 se aprecian más detalles de este acto de comunidad. El texto dice: «También dio a su marido que estaba con ella, y él comió». En nuestra iglesia llamamos «comunidades» a los grupos pequeños, y una parte importante de cada reunión ha sido siempre comer juntos como un elemento vital de la comunión. Sentarnos a comer es una actividad que nutre la comunidad, ya que, en una cultura tan apurada, esto nos obliga a pausar, a compartir y conversar. En el texto, vemos a Adán y Eva comiendo juntos y compartiendo de ese fruto que Dios les había prohibido que comieran. Lo desconcertante es que es la primera vez que la Biblia muestra una comunidad en acción de manera contraria al modelo divino. Un compañerismo que fue creado por Dios para Sus propósitos se usa para hacer exactamente lo opuesto a lo que el Señor les había ordenado. El hombre y la mujer basan su comunidad en sus propios deseos de ser como Dios, en su deseo de ser independientes, y el resultado es trágico.

En primer lugar, observamos que la relación entre Dios y el ser humano cambia radicalmente. Ahora, nacemos separados de Dios y estamos dañados en nuestro interior. La Biblia nos enseña que, a pesar de que fuimos creados por el Señor, por causa del pecado somos hijos de ira. Hay una gran separación entre Dios y nosotros y, puesto que nuestra relación vertical está rota, es imposible que podamos relacionarnos con éxito a nivel horizontal con otras personas.

No solo cambia radicalmente la relación entre Dios y el hombre, sino que también vemos un giro en las relaciones horizontales. Se evidencian los efectos del pecado. Como afirmaban los reformadores, el pecado nos hace enfocarnos en nosotros mismos. Antes de la caída, el ser humano tenía el propósito de reflejar la gloria de Dios al relacionarse con otras personas, pero ahora solo vela por sí mismo. Adán dejó de ser el protector y siervo líder de su esposa para buscar solamente lo que era mejor para él.

De transparentes a transgredidos

En Génesis 3:9-11 Dios llama al hombre y le pide dar cuentas de lo que pasó. La respuesta de Adán nos rompe el corazón, ya que en Génesis 3:12 el hombre le echa la culpa a su ayuda idónea, su compañera, la que en el capítulo anterior era «carne de mi carne y hueso de mis huesos». En términos actuales, Adán le dice a Dios: «La mujer que tú me diste es una tóxica». A pesar de que lo invade la culpa y la vergüenza, en el momento en que se siente atacado, Adán no duda ni un minuto para exponer a otra persona. Suena familiar, ¿verdad?

Me pregunto qué habrá sentido Eva en ese instante. Ella acababa de salir del costado de Adán, pero después del pecado, su esposo marca distancia con ella y la deja sola. Quizás nosotros mismos estemos pasando por una situación así, en la que alguien que era muy cercano cambió de repente su actitud y se alejó. Todos hemos sufrido algo así en algún momento, y comenzó aquí. En Génesis 3 vemos el colapso de las relaciones en el plano más profundo. En el versículo 16 de Génesis 3 observamos que también cambia la relación entre una madre y su hijo, y la relación entre cónyuges.

A partir de la caída entramos en las relaciones con la mentalidad de: «¿Cómo me ayuda esto a mí?». En nuestra cosmovisión lo importante es el «yo». Al entablar una amistad constantemente nos preguntamos: «¿Qué opina esta persona de mí? ¿Por qué no me invitaron? ¿Por qué pasa más tiempo con otra persona que conmigo? ¿Qué puedo hacer para que me acepten? ¿Qué saco de esta amistad?».[28] El enfoque siempre soy *yo*. Después de la entrada del pecado al mundo, las relaciones dejan de ser una herramienta para mostrar a Cristo y se convierten en una estrategia para sacar algún provecho para nosotros mismos. Esta es la gran tentación que tenemos en todas nuestras amistades y relaciones, tanto en el trabajo como en la iglesia, incluida la relación con nuestro cónyuge. Nuestro corazón se inclina a considerar las maneras en que una amistad es buena para mí.

Toda relación está compuesta al menos de dos pecadores

Cuando nos preguntamos hoy en día por qué las relaciones son tan difíciles, esta es la causa. Todo empezó con la entrada del pecado al mundo. En ese momento, cambió nuestra capacidad de vivir en comunidad y desarrollar amistades. Sin embargo, la caída no solo tuvo un efecto radical en las relaciones, sino también en nuestra propia naturaleza como seres humanos. Consideremos los siguientes textos de la Escritura:

> Yo nací en iniquidad, y en pecado me concibió mi madre. (Sal. 51:5)
>
> Entre ellos también todos nosotros en otro tiempo vivíamos en las pasiones de nuestra carne, satisfaciendo los deseos de la carne y de la mente, y éramos por naturaleza hijos de ira, lo mismo que los demás. (Ef. 2:3)
>
> Por tanto, tal como el pecado entró en el mundo por medio de un hombre, y por medio del pecado la muerte, así también la muerte se extendió a todos los hombres, porque todos pecaron. (Rom. 5:12)

---

[28] Basado en las preguntas que plantea Jonathan Holmes, *The Company We Keep: In Search of Biblical Friendship* (Minneapolis, MN: Cruciform Press, 2014), p. 23.

Este último versículo es clave, puesto que resalta las acciones de Adán, pero luego afirma que todos hemos pecado. (Ver además 1 Rey. 8:46; Sal. 14:1-3; Prov. 20:9; Rom. 1:18; Tito 1:15-16).

Esto es tan distinto al clamor de nuestra sociedad que asegura que los seres humanos somos buenos por naturaleza. El mundo nos dice que estamos bien, pero el problema está en el ambiente que nos rodea. En otras palabras, tú eres perfecto, pero todos los demás están dañados. Sin embargo, bíblicamente, vemos que eso no es verdad; yo entro en una relación como pecador y lo mismo sucede con la otra persona. No debemos perder de vista que, después de Génesis 3, cada interacción humana está compuesta al menos de dos pecadores que cargan su propio bagaje. Esta es la razón por la cual las relaciones son difíciles.

En una pareja, tanto el hombre como la mujer son pecadores. El pecado ha tenido un profundo impacto en nuestra voluntad (Rom. 1:32; Ef. 2:2-3), nuestro intelecto (Rom. 1:21; 1 Cor. 2:14; Ef. 4:17-18), nuestro corazón (Jer. 17:9; Mar. 7:21-23), nuestra capacidad de agradar a Dios (Isa. 64:6; Juan 6:44; 15:5; Rom. 8:8). ¡Todo lo que hay en nosotros es pecaminoso!

De manera activa estamos en contra de Dios. En nuestro pensar y en nuestro actuar nos rebelamos contra el buen plan del Señor y, como Eva, creemos que tenemos un mejor camino que el trazado por nuestro Creador eterno, omnisciente y omnipresente. «No es cuestión de que algunas partes de nosotros sean pecaminosas y otras puras. Más bien, cada parte de nuestro ser está afectada por el pecado: nuestro intelecto, emociones, deseos, corazón (el centro de nuestros deseos y de toma de decisiones), nuestras metas y motivaciones, e incluso nuestro cuerpo físico».[29]

La buena noticia es que Cristo murió por los pecadores y resucitó para darnos un nuevo corazón. Esa es la única esperanza para las relaciones.

---

[29] Wayne Grudem, *Teología sistemática: Introducción a la doctrina bíblica* (Nashville, TN: Editorial Vida, 2021). Edición para Kindle (ubic. 14517-14518).

PARTE 2

CRISTO, EL CORAZÓN Y LAS AMISTADES

Desde Génesis 3 hasta hoy, vivimos con las repercusiones de la caída. Estas repercusiones son en primer lugar verticales en nuestra relación con Dios, pero también tienen secuelas en el plano horizontal. Hoy, tener amigos y ser buenos amigos se vuelve difícil. Tito 3:3 pinta la realidad espiritual y relacional de manera clara al decir: «Éramos necios, desobedientes, extraviados, esclavos de deleites y placeres diversos, viviendo en malicia y envidia, aborrecibles y odiándonos unos a otros».

No obstante, la historia no queda ahí. El pecado no tiene la última palabra. Mientras muchos de nosotros luchamos con resentimiento y consideramos si vale la pena el dolor que traen las relaciones, el único que puede estar resentido y que no ha pecado toma el primer paso de revertir lo que ocurrió en la caída.

Mi objetivo en esta sección es reflexionar en qué significa que Cristo sea nuestro amigo, ya que es por Cristo que la amistad no solo encuentra esperanza, no solo sobrevive, sino que puede florecer y alcanzar objetivos eternos. Es por Cristo que ahora nuestras relaciones tienen esperanza, inclusive cuando atraviesan las duras realidades de un mundo caído.

Si los capítulos anteriores proveen los cimientos para entender la comunidad, estos capítulos asientan los pilares para comprender las amistades y nos preparan para ser prácticos.

5

CRISTO Y LA AMISTAD

... pero os he llamado amigos.
(Juan 15:15, LBLA)

Los Evangelios y la amistad

En la Biblia hay muchas palabras que se traducen como «amistad» o «amigos». Un término común es *filos*, que se repite veintinueve veces en todo el Nuevo Testamento. Es una palabra que define la relación entre personas cercanas, entre las cuales existe amor, o que están en el mismo sentir. La palabra tiene la idea de alguien que está en términos íntimos o en estrecha asociación con otro.[30] En los Evangelios, Jesús usa este término de varias formas.

1. Amigos como personajes en una enseñanza.
    a. Al enseñar sobre la humildad (Luc. 14:10).
    b. Al enseñar sobre el gozo de compartir con las personas más cercanas que lo perdido ha sido encontrado (Luc. 15:6, 9).
    c. Al mostrar las quejas del hermano mayor porque su padre nunca hizo semejante banquete para él (Luc. 15:29).
    d. Al enseñar sobre la oración (Luc. 11:5).

---

[30] Ver William Arndt et al., *A Greek-English lexicon of the New Testament and other early Christian literature* (Chicago: University of Chicago Press, 2000), p. 1059.

2. Al describir la relación de amistad en un relato.

   a. Juan el Bautista como amigo de Jesús (Juan 3:29).
   b. Al identificar a los amigos del centurión (Luc. 7:6).

3. Al describir la relación de amistad en círculos políticos y de poder.

   a. La obra de Jesús incluso une a quienes antes eran enemigos, Herodes y Pilato (Luc. 23:12).
   b. Al mostrar que si Pilato dejaba ir a Cristo, esto se veía como enemistad con el César (Juan 19:12).

4. Al mencionar a Cristo y Sus amigos

   a. Él es amigo de pecadores (Mat. 11:19; Luc. 7:34).
   b. Es amigo de Marta, María y Lázaro (Juan 11:11).
   c. Es amigo de Juan el Bautista (Juan 3:29).

Cristo y Sus amistades

Consideremos la información que hemos visto. Es importante hacer una observación que podemos dar por sentado al continuar nuestro tema. Jesús habla de amistad, y tenía amigos. Esto es impresionante. Por lo regular, pensamos que las personas necesitan amigos debido a que son débiles (lo que es verdad), o se ve la amistad utilitariamente con fines egocentristas. Pero no, aquí tenemos al varón perfecto (más sobre la amistad y la masculinidad en un futuro) que tenía amistades.

Cristo, al ser totalmente humano, igual que nosotros, buscaba amistad y compañerismo. La Biblia nos muestra claramente cómo llamó a algunas personas a ser Sus amigos. Juan el Bautista era Su amigo. También llamó a pecadores Sus amigos, y tenía una cercana amistad con Marta, María y Lázaro, lo cual lo llevó a llorar por la muerte de Su amigo (Juan 11:35). Finalmente, en el huerto de Getsemaní, Jesús les pidió a tres de Sus amigos que lo acompañaran en uno de los momentos más difíciles de Su vida.

Lo que quiero decir es que Jesús, en Su ministerio terrenal y como humano, tenía y buscaba amistades. En su libro sobre el tema, Jonathan Holmes cita las siguientes palabras del pastor escocés Hugh Black: «[Jesús] fue perfectamente humano y, por lo tanto, sintió la falta de amistad». A esto, Holmes añade: «La amistad fue un elemento indispensable de Jesús en Su ministerio terrenal».[31] Es increíble pensar que Jesús buscara amistades. Nosotros, en cambio, muchas veces decidimos renunciar a tener compañerismo con otros. Pero si queremos ir en pos de nuestro Señor, las amistades y la comunidad deben ser una parte normal de nuestra vida.

Amistades en lugares altos

¿Recuerdas la época en que se utilizaba el buzón de voz?

Hace algún tiempo, trabajé en el mundo de la música, y nos encontrábamos promocionando un álbum de una banda que finalmente tuvo mucho éxito. Como agradecimiento, la banda nos envió un archivo en MP3 para incluirla en el buzón de voz. Ahora ya casi nadie usa el buzón de voz, pero en ese entonces, uno se esforzaba para que el mensaje de salida del correo de voz sonara genial.

Entonces, mi buzón en ese tiempo incluía un saludo que decía: «Hola, soy fulano, zutano y mengano de la banda X, y este es el buzón de voz de mi "pana"... Por favor, deja tu mensaje».

Mi buzón creó conmoción. Gente que conocía la banda me llamaba y preguntaba con asombro: «¿Los conoces?», «¿En serio son tus amigos?», o inclusive decían: «¿Crees que me puedes ayudar con un autógrafo o un CD, o una entrada?». La cercanía con amistades en lugares altos automáticamente te lleva a un lugar de mayor popularidad, y hasta puede brindar algunos beneficios, o conseguirte ciertos regalos.

---

[31] Holmes, *The Company We Keep*, p. 21.

La relación entre amistad e igualdad

Esta ilustración nos ayuda a notar un detalle interesante entre la amistad y la igualdad, que considero se puede ver al menos de tres formas.

En primer lugar, hay algo que ocurre cuando nos enteramos de que un conocido (persona igual a nosotros) tiene cercanía o es amigo de alguien que tiene fama, poder, influencia o conexiones. Es más, en el mundo se busca tener ese tipo de amistades que elevan tu círculo social. Mis amigos de ese momento me pidieron que les consiguiera un autógrafo de la banda, o algún otro beneficio.

En segundo lugar, pese a que sí conozco a la banda, no diría que son mis amigos, ya que buscamos amistades en las cuales ambas partes tengan un mismo nivel de compromiso y reciprocidad (equidad). Por ejemplo, si yo me esfuerzo en una relación, espero que esa persona corresponda y ponga el mismo nivel de interés. Si eso no ocurre, se considera que en realidad no existe una verdadera amistad. Si sentimos que estamos invirtiendo en una relación mucho más de lo que invierte la otra persona, eso se puede considerar una relación tóxica o peligrosa. Comúnmente, minimizamos este punto cuando se trata de una amistad con alguien importante, por los beneficios.

Finalmente, las amistades hoy en día están comúnmente ancladas en algo que nos hace iguales. Por ejemplo, encontramos amistades alrededor de un pasatiempo o interés en común (nos gusta jugar fútbol, nos gusta un tipo de comida, música, autor o tipo de entretenimiento), una etapa en la vida (solteros con solteros, casados con casados, parejas que tiene hijos de la misma edad, etc.), o una experiencia compartida al experimentar el gozo, dolor u oportunidad de vivir algo similar (haber inmigrado a otro país, salir de una iglesia, etc.).

Estas cosas no tienen nada de malo en sí, pero como veremos, Jesucristo pone estas tres ideas de cabeza y, al hacerlo, ancla la amistad y la comunidad en algo mucho más grande y sublime.

Una afirmación sorprendente

Observemos juntos que, cuando Jesús nos llama «amigos», la oración empieza con la conjunción «pero». Este detalle es importante, ya que la idea de una amistad con Jesús (que aparece tres veces en la sección) debió asombrar a la audiencia original de Juan de una forma que es foránea a nuestro contexto.

Para nosotros, la idea de que Jesús es nuestro amigo es común en libros, e inclusive parte de canciones. Es más, recuerdo que en una sesión de consejería le pedí al aconsejado (quien estaba esclavizado en pecado y con su vida por el piso) que orara para iniciar nuestra sesión. Casi me caigo de la silla cuando él inclinó su cabeza y, con total ligereza, oró: «Jesús, "pana" mío, te pido, "compa", tú sabes, que me ayudes…».

Sin intención de minimizar la cercanía de Cristo, en nuestro tiempo es fácil tener una idea de Jesús como amigo y separarla del carácter y la persona de Cristo. Como dijo Stephen Nichols: «Una cosa que hacemos bien dentro del cristianismo evangélico es pensar en Jesús como nuestro amigo. Pero también es nuestro Rey».[32] El resultado es que, al tener este desequilibrio, nos perdemos de lo asombroso y glorioso de esa idea; sobre todo, podemos terminar perdiéndonos el corazón del mensaje. El Rey nos está llamado a ser Sus amigos.

Jesús es Rey

En el contexto del Evangelio de Juan, el autor representa a Cristo como el Hijo de Dios y el Rey que tiene toda autoridad y poder.

Al inicio del Evangelio, en Juan 1:1, queda en claro que el Verbo era Dios. En 1:49 Natanael identifica a Jesús con dos palabras impregnadas de peso e importancia: *Hijo de Dios* y *Rey*. A lo largo de todo el Evangelio de Juan queda claro que Jesús es Rey. La palabra «rey» aparece dieciséis veces, de las cuales quince se refieren a Cristo y solo una al César. Además, la palabra «reino» se utiliza

---

[32] Conferencia Nacional de Ligonier, 2015.

cinco veces, y en todas ellas, Jesús está hablando de Su reino. Por ejemplo, en Juan 18:36, declara: «Mi reino no es de este mundo. Si Mi reino fuera de este mundo, entonces Mis servidores pelearían para que Yo no fuera entregado a los judíos. Pero ahora Mi reino no es de aquí». En Juan 3, Cristo, como Rey, define quiénes pueden entrar en Su reino. En Juan 6:15 leemos que el Señor tuvo que apartarse porque las personas se daban cuenta de que Él era distinto, que había autoridad en Él, por lo que querían hacerlo rey.

En Juan 12:13, cuando Jesús entró en la ciudad, el texto dice que: «Tomaron hojas de las palmas y salieron a recibir a Jesús, y gritaban: ¡Hosanna! BENDITO EL QUE VIENE EN EL NOMBRE DEL SEÑOR, el [nota la palabra] *Rey* de Israel». Incluso en Su momento de humillación, seguía siendo Rey. Observa que, cuando Pilato, un rey terrenal que ahora está enterrado en una tumba, interrogó a Jesús, Cristo siguió teniendo el control y era el único Rey verdadero cuando le respondió, en 18:37: «Tú dices que soy rey». Finalmente, un capítulo después encontramos que Pilato puso un letrero sobre la cruz que decía «EL REY DE LOS JUDÍOS» a pesar de las quejas de los líderes religiosos que decían: «No escribas, "el Rey de los judíos"; sino que Él dijo: "Yo soy Rey de los judíos"» (Juan 19:21). En la soberanía de Dios, incluso ese letrero y las palabras de Pilato, «Lo que he escrito, he escrito», afirman la realidad de que Jesús era (y continúa siendo) el Rey, mientras que los seres humanos tratan de argumentar lo opuesto.

Esta realidad es increíble si consideramos el tema de las amistades. Amigo lector, un rey es un hombre al que se da loor, delante del cual los demás doblan sus rodillas; no es alguien al que podríamos dirigirnos de manera irreverente y con una actitud desdeñosa, diciendo: «Oye, pana, ayúdame con esta oración».

Un teólogo asegura que «Juan retrata a Jesús como una figura real que invita a Sus seguidores a una amistad real, en la que experimentan el honor y los privilegios de ser miembros de Su círculo íntimo».[33]

---

[33] Mark Zhakevich, *The Compensatory Benefits of Discipleship in the Gospel of John.* Disertación doctoral, doctor en Filosofía, Universidad de Edimburgo, 2017, pp. 145-146.

Por lo tanto, cuando Jesús nos llama amigos, no se trata de que Él sea mi «pana» o mi «cuate»; más bien, hay un favor inmerecido al ser llamado a tan elevada amistad que trae increíbles beneficios.

¿Yo, amigo del rey?

Si no fuera suficiente lo que hemos visto, en el contexto en que se escribieron estas palabras, un rey solía estar vinculado con la idea de deidad. En otras palabras, la idea de que un rey fuera un amigo de alguien era incomprensible para la audiencia. El rey era de por sí un ente separado, que tenía autoridad incluso para determinar la vida de una persona; era alguien que gobernaba, soberano. Un rey era alguien que guardaba distancia, que era poco accesible, a quien no se podía influenciar; de hecho, en esos contextos hasta recibía adoración. Con estas consideraciones, podríamos leer Juan 15:15b de esta forma: «pese a que soy *el Rey*, pese a que he vivido en una comunidad perfecta en la Trinidad desde la eternidad, los he llamado amigos».

Entonces, cuando Jesús nos llama amigos, no podemos olvidar que Él es Dios. No es un Jesús primordialmente «pana» o «cuate», sino que, como muestra la Escritura en Juan 1:1, es un Jesús preexistente, quien existía desde el principio, estaba con Dios y era Dios. Es la simiente de la mujer en Génesis 3:15, que vino para aplastar la cabeza de la serpiente. Es de quien hablan muchas profecías del Antiguo Testamento. Es el Mesías que vive eternamente (Miq. 5:2; Juan 1:1; 8:58; Col. 1:17). Es Jesús el Rey de gloria (Mat. 16:27; 24:30; Luc. 9:32; Juan 17:5) lleno de gracia y verdad (Juan 1:14). Es el Santo de Dios (Luc. 4:34; Heb. 7:26) y podríamos continuar con una larga lista de Sus atributos y perfecciones. Una lista cuyo estudio debería abrumar, emocionar y calmar nuestro corazón al apreciar a Aquel del cual se escribe que: «Porque de Él, por Él y para Él son todas las cosas. A Él sea la gloria para siempre» (Rom. 11:36).

Amado lector, esto es crucial y fundamental. Nos llevará toda la vida en la tierra y la eternidad darnos cuenta de las asombrosas ventajas que tenemos al ser amigos de Cristo. Por ahora, quiero llevar tu atención nada más al Evangelio de Juan. Mark Zhakevich[34] ha recopilado una lista de cómo este evangelio enumera los beneficios que recibimos en Cristo. Te animo a que la leas y consideres qué privilegio es ser amigo de Cristo.

Beneficio	**Pasaje**
Vida (eterna)	1:4; 3:15-21; 4:10, 14; 5:21, 24, 38-40; 6:27, 33, 51-58; 8:51; 10:10, 27-29; 11:24-26; 12:25-27, 50; 14:6, 19; 17:2, 3
Resurrección	5:25-30; 8:51-53; 11:24-27
Familia	1:12; 10:29; 17:2, 6, 9, 11-12, 24; 18:9; 20:17; 21:5
Salvación	3:17; 10:9
No perecer	3:16
Ausencia de juicio	3:17-19; 5:22-30; 12:47-50
Evitar la ira de Dios	3:36
Permanecer/andar en la Luz/no permanecer en tinieblas	3:19-21; 8:12; 12:36, 46
Morar con el Padre y el Hijo	14:1-3; 14:15-24
Presencia futura con Jesús	12:26; 14:1-3; 17:24
Paracleto	7:37-39; 14:15-27; 16:7; 20:22-23
Libertad del pecado	8:21-24, 8:31-36, 39-47, 51; 9:41
Verdad	8:32
Protección	10:28-29; 17:11-13
Conocer al Padre y al Hijo	10:14-15, 27-29; 14:20; 15:15; 17:26
Honor del Padre	12:25-26

[34] Zhakevich, *The Compensatory Benefits of Discipleship in the Gospel of John*, p. 31.

Obras mayores	14:12-15
Peticiones contestadas	14:12-14; 15:7, 16; 16:23-26
Paz	14:27; 16:33; 20:19, 21, 26
Gozo	15:11; 16:20-24; 17:13
Fruto	4:36; 12:24; 15:2-8, 16
Amistad	15:13-16
Unidad	11:52; 14:20; 17:6, 11, 21, 22, 23, 26
Amor	13:1; 14:21, 23; 15:9-17; 16:27; 17:23, 26
Gloria	17:22, 24
Perdonar los pecados de otros (parte de la declaración de misión)	20:22-23

Conclusión

Hace algunos años, intentamos escalar un cerro nevado con unos amigos y familiares. El camino fue difícil y mi cuerpo podía sentir los efectos de la altura y el agotamiento. Estaba tan cansado y abrumado que no me di cuenta de que mi enfoque estaba completamente en terminar la hazaña, y tenía mis ojos fijos en donde iba a poner mi siguiente paso. Eso ocurrió por horas, hasta que, por el cansancio y para inhalar profundamente, alcé mis ojos. Al hacerlo, aprendí una de las lecciones más importantes de mi vida.

Al levantar mis ojos, todos mis sentidos fueron abrumados al ver la belleza de la vista de los Andes con el telón de fondo de un colorido amanecer, a una altura donde las nubes estaban por debajo de mis pies. Fue un momento glorioso, pero al mismo tiempo, triste. Me di cuenta de que había caminado por horas y perdiéndome ese espectáculo, que no solo impresionó mis sentidos y conmovió mis emociones, sino que también me dio nuevas fuerzas y ánimo.

Hacemos lo mismo en la vida. Estamos tan enfocados en el siguiente paso en medio de nuestro peregrinaje en este mundo caído, que no nos detenemos a meditar en el carácter y los atributos de Aquel que provee nuevas fuerzas y ánimo. Hablando de amistades y relaciones, con frecuencia estamos tan enfocados en las relaciones horizontales que nos olvidamos de las bendiciones que están disponibles en Cristo Jesús al llamar «amigos» a pecadores.

Ahora, antes de aprender cómo podemos ser amigos de Cristo, tenemos que asegurarnos de entender dónde está el problema principal de nuestras amistades y todo problema relacional.

6

EL CORAZÓN Y LA AMISTAD (EMPECEMOS POR EL LUGAR CORRECTO)

Porque donde esté tu tesoro, allí estará también tu corazón.
(Mat. 6:21)

«¿Alguien ha visto mis llaves?» es una pregunta muy común en mi hogar. Seguramente, te ha pasado que estás buscando con desesperación tu billetera, tus lentes, tus llaves, o en el caso de un video viral de Instagram, tu bebé. En este último caso, una madre se da cuenta de que el bebé no está en la cuna y desesperadamente lo busca en todos lados, mientras que el bebé está todo el tiempo cómodo bajo su brazo.

De manera similar, y más veces de lo que quiero aceptar, me encuentro buscando algo que estuvo todo el tiempo más cerca de lo que pensé. Y eso no es todo… en la frustración, me encuentro fácilmente culpando a otros de la situación. En lugar de empezar con una autoevaluación, aparece el síndrome del jardín de culpar a alguien y me encuentro preguntando: «¿Quién movió mi _____?», y culpando a mi familia. En una ocasión, incluso imaginé una elaborada historia que incluía un ave que había entrado por la ventana.

En este mundo afrontamos continuamente la tensión en las relaciones, algo que implica esfuerzo y son difíciles. Consecuentemente, como en los ejemplos anteriores, buscamos por todos lados respuestas que nos ayuden a revelar cuál es la fuente del problema, sin considerar que parte del problema puede estar más cerca de lo que imaginamos. Este capítulo argumenta que entender el corazón es primordial para tener amistades saludables y piadosas. Y pese a que encontramos corazones por todas partes en el Día del Amor y la Amistad, el corazón es una parte fundamental de nuestros problemas relacionales, y quiero explicarte por qué.

El corazón humano es el centro de control

En preparación para la Copa del Mundo de fútbol, *Los Angeles Times*[35] publicó un artículo titulado *Centro de control vigilará el Mundial de Qatar 2022,* en el que presenta un salón lleno de pantallas y computadoras sofisticadas que iba a monitorean cada detalle del evento: desde advertencias cibernéticas alrededor del mundo, situaciones de transporte público, hasta imágenes en vivo y alertas de cada estadio y sede. En el pie de foto, el artículo dice: «Personas trabajan en el centro de comando que será el *corazón* de las operaciones durante la Copa del Mundo [...]. En noviembre será el *centro de la toma de decisiones* durante la Copa del Mundo Qatar 2022».

Al hablar del corazón, Dios no piensa en tarjetas de San Valentín o chocolates en forma de corazón, sino en la persona interior que a veces se la llama alma, espíritu, mente, etc., y que funciona como el centro de control de toda persona. Es del corazón de donde emanan nuestros deseos y anhelos, y el lugar que determina qué amamos, valoramos, queremos, deseamos, pensamos y apreciamos.

¿Te has preguntado por qué haces lo que haces? De manera específica, ¿por qué dices lo que dices? Mateo 12:34 enseña que de nuestro corazón salen las palabras que decimos. Proverbios 4:23 afirma que el corazón es el lugar de donde brota la vida, y 23:7 y 20:5 indican que el hombre interior es el lugar que determina quiénes somos. Santiago 4:1-3 enseña que los deseos insatisfechos del corazón son los responsables de nuestros conflictos, de la ira y el enojo. Una ilustración muy útil para pensar en la relación entre el corazón y el comportamiento se encuentra en la imagen de un árbol que depende de la

---

[35] https://www.latimes.com/espanol/deportes/articulo/2022-03-28/centro-de-control-vigilara-el-mundial-de-qatar-2022

salud de sus raíces (corazón) para dar buen fruto (comportamiento). Esta ilustración se encuentra en varios lugares de la Biblia (Sal. 1:3; Jer. 17:5-10; Ezeq. 31:4-10; Mat. 12:33-35, 7:16-20; Luc. 6:43-45), y subraya la centralidad del hombre interior o corazón como determinante para nuestras acciones.

El corazón humano y la adoración

Toda esta conversación del corazón como el centro de control en realidad apunta a la clara enseñanza bíblica que muestra que el hombre interior esta íntimamente conectado a la adoración. Dicho de otra forma, la actividad principal del corazón es la adoración.

En Ezequiel 14 puedes observar cómo Dios conecta la idolatría (adoración falsa o desordenada) con el corazón.

> «Hijo de hombre, estos hombres han erigido *sus ídolos en su corazón*, y han puesto delante de su rostro lo que los hace caer en su iniquidad. ¿Me dejaré Yo consultar por ellos? Por tanto, diles: "Así dice el Señor Dios: 'Cualquier hombre de la casa de Israel que *erija sus ídolos en su corazón*, y que ponga delante de su rostro lo que lo hace caer en su iniquidad, y después venga al profeta, Yo, el Señor, le responderé entonces de acuerdo con la multitud de sus *ídolos*, a fin de alcanzar a la casa de Israel *en sus corazones*, que están apartados de Mí a causa de todos sus *ídolos*'"». (Ezeq. 14:3-5)

El texto muestra la unión fundamental entre el corazón y la adoración. Por eso Dios, quien no compartirá Su adoración con nadie, requiere que lo amemos con todo nuestro corazón (Sal. 111:1; Mat. 22:34-40). Es por eso que el Señor no se enfoca en apariencias externas, sino en el corazón (1 Sam. 16:7). En conclusión, es en el corazón donde ocurre la actividad más importante de la persona, ya que es la actividad que lo define: la adoración.

Ahora, la adoración no es la parte de cánticos suaves en un culto dominical. No, la adoración es la actividad que nuestro corazón hace todo el tiempo y muestra qué es lo que en verdad valoramos. G. K. Beale dice que «nos convertimos en lo que adoramos».[36] Finalmente, si la adoración es la actividad más importante de una persona, y esta actividad toma forma en el corazón, el corazón es sumamente importante. Por eso, Paul Tripp dice: «El corazón es el "verdadero" usted».[37]

«Cuida tu corazón» y la adoración extraviada

«Es que estoy cuidando mi corazón».

Estoy seguro de que has escuchado esta famosa frase que tiene su origen en Proverbios 4:23. Muchas veces se usa en el contexto de las relaciones románticas. El punto es que alguien está cuidando su corazón de la forma en que cuida una vasija de cerámica que es frágil, vulnerable, delicada, y que fácilmente se puede romper.

Esta perspectiva tiene cierto sentido si consideramos, como hemos visto, que el corazón es el centro de control. Todo centro de control tiene instrumentos delicados, caros e importantes y, por lo tanto, tenemos que cuidarlo. Eso es verdad; pero no es toda la verdad. Hay un detalle muy importante que brilla por su ausencia y que es clave. Para esto, quiero que leas detenidamente estos versículos, ya que posiblemente sean chocantes.

> El SEÑOR vio que era mucha la maldad de los hombres en la tierra, *y que toda intención de los pensamientos de su corazón era solo hacer siempre el mal.* (Gén. 6:5)
>
> ¿Quién puede decir: «Yo he limpiado mi *corazón*, limpio estoy de mi pecado?». (Prov. 20:9)
>
> *Más engañoso que todo es el corazón*, y sin remedio; ¿quién lo comprenderá? (Jer. 17:9)

---

[36]G. K., Beale, *We Become What We Worship: A Biblical Theology of Idolatry* (Downers Grove, IL: IVP Academic, 2009).

[37]Paul David Tripp, *Instrumentos en las manos del Redentor*, (Graham, NC: Publicaciones Faro de Gracia, 2012), p. 63.

> También decía: «Lo que sale del hombre, eso es lo que contamina al hombre. *Porque de adentro, del corazón de los hombres*, salen los malos pensamientos, fornicaciones, robos, homicidios, adulterios, avaricias, maldades, engaños, sensualidad, envidia, calumnia, orgullo e insensatez. Todas estas maldades de adentro salen, y contaminan al hombre. (Mar. 7:20-23)

¿Puedes ver el patrón común en los versículos?

En contraste con el mantra de nuestro tiempo que nos dice: «Sigue tu corazón», estos versículos y muchos otros muestran que el centro de control tiene un problema catastrófico. Sus instrumentos y sistemas han sido atacados por el virus del pecado, que nubla las decisiones, las acciones y produce falsa adoración. El corazón humano activamente busca algo para adorar, y encuentra con facilidad satisfacción en ídolos que nunca dan lo que prometen. El resultado es, como vemos en la historia de la mujer samaritana, que buscamos satisfacernos en fuentes agrietadas que nos continúan dejando sedientos y frustrados (ver Juan 4; Jer. 2:13).

Cuando Proverbios 4:23 dice: «Con toda diligencia guarda tu corazón, porque de él brotan los manantiales de la vida», no se trata de un halago para el corazón tan lindo, precioso, delicado y pasivo, sino de una advertencia de la naturaleza y la inclinación del corazón, y un llamado a que cuidemos nuestro hombre interior de deseos que son contrarios a la voluntad de Dios, y que darán los resultados que vimos anteriormente. En pocas palabras, estemos pendientes de que estamos adorando, de que, en realidad, ¡el consejo de «sigue tu corazón» no es para nada un buen consejo!

Al pensar en cuidar el corazón no estamos haciéndolo como si fuera una vasija de cerámica, sino un aguerrido perro guardián con tendencias bipolares que es fuerte, peligroso y obstinado. Si está bajo control, es de gran ayuda y servicio; pero sin cuidado, puede traer gran daño y es extremadamente peligroso. De manera práctica: recuerda que tu corazón está buscando qué adorar. Un creyente debe tener claro este concepto, ya que es fundamental para toda nuestra vida, y en especial, para nuestras amistades.

Con este entendimiento del corazón, volvamos a visitar el tema del capítulo 4 sobre la interacción de Satanás con Eva, para enfocarnos en las relaciones interpersonales.

La adoración y el colapso de la comunidad

Como vimos en el capítulo 4, el colapso de la comunidad y las dificultades en las relaciones interpersonales tienen su inicio en Génesis 3, cuando el pecado entró al mundo. En esta sección volveremos a Génesis 3, con el objetivo de ver cómo el corazón y la adoración juegan un rol fundamental en la manera en que nos relacionamos y en lo que buscamos en nuestras relaciones.

El diablo, a diferencia de muchos creyentes, sabe bien cómo funcionan las personas. Sabe que el corazón es activo y tiene la inclinación por el mal. Sabe que, si lo puede atraer, está ganando la batalla. Dios es bueno y nos muestra parte del plan de ataque. Observemos sus elementos en Génesis 3.

En primer lugar, notemos que Génesis 3:6 describe el fruto como «bueno para comer [...], agradable a los ojos [y]... deseable para alcanzar sabiduría». Observa las palabras que se usan: bueno, agradable, deseable; todas apuntan a actividades del corazón.

En segundo lugar, observemos que la puerta al corazón es por los sentidos. El texto dice que «la mujer vio». Nuestros sentidos son obra de la bondad de Dios que nos permiten interactuar y disfrutar de Su Creación. El demonio, por otro lado, quiere usar esos sentidos no como herramientas para acercarnos a Dios, sino para atraer el corazón al ofrecernos algo que se ve bien pero que busca sustituir a Dios (idolatría). Más aún, lo hace presentándose como un ángel de luz (2 Cor. 11:14).

Finalmente, observa que el enemigo compuesto por la carne, el demonio y el mundo (Ef. 2:3) pone una triple carnada frente a un hambriento corazón activo. Este triple ataque es el mismo del cual el apóstol Juan habla en 1 Juan 2:16: «La pasión de la carne, la pasión de los ojos, y la arrogancia de la vida».

Corazones hambrientos que buscan una amistad

De manera similar a Adán y Eva, podemos dejarnos llevar por los sentidos y no por convicciones que emanan de obedecer la Palabra de Dios en nuestras relaciones. Al igual que el fruto, las amistades se ven bien. En las amistades la triple carnada es apetecible, ya que las amistades nos hacen ver bien, nos traen beneficios, nos dan estatus e identidad, nos dicen que podemos formar una comunidad fuera de Dios. Es más, hemos visto cómo personajes ficticios de películas y televisión han conmovido nuestras emociones y nos han llevado de las risas a las lágrimas, porque hay algo fundamental que resuena en el corazón humano al ver el compañerismo y la amistad. Por otro lado, como Eva, nuestro corazón y los deseos desordenados nos pueden cegar y llevarnos a poner a un lado el consejo de Dios con la promesa de que algo terrenal (como una amistad) nos proveerá los privilegios que solo Dios nos puede dar. Es fácil ver cómo la amistad, y cualquier relación interpersonal, tiene el potencial de convertirse en el caldo de cultivo perfecto para que un corazón que no está anclado en Cristo, busque en lo hermoso y atractivo de las relaciones lo mismo que la humanidad buscó en el fruto prohibido en el Edén.

Vallenato, la familia, el corazón y los problemas

En 2021 me encontré con lágrimas en los ojos mientras observaba una escena de una película donde, junto a un río, una abuela colombiana interactúa con su nieta. Su nieta ve por primera vez bajo una nueva luz a su fuerte abuela, y entiende qué hace de su abuela la persona que es.

Pero empecemos desde el principio. La película *Encanto* trata de la familia Madrigal. Una familia multifacética, matriarcal y liderada por la abuela Alma. En esta historia, un joven matrimonio compuesto por Alma y Pedro, junto con sus trillizos, tienen que abandonar su hogar para escapar de la persecución. Durante el escape, el abuelo Pedro sacrifica su vida para que su familia y otros escapen. Inmediatamente después de su muerte, una vela mágica salva a la joven Alma y a sus tres hijos. La vela crea una casa mágica a la que apodan «Casita», que le da a cada integrante de la familia (menos a la nieta Mirabel) un don que usan para servir a su comunidad. Años después, está claro que la comunidad depende de los Madrigal y que la identidad de los Madrigal está en servir a la comunidad.

Magia, dones, servicio, familia y vallenato… ¡¿qué puede salir mal?!

En medio de este contexto mágico, hay fisuras y tensión en las relaciones que llegan a su cúspide cuando Abuela y Maribel tienen una fuerte pelea. Maribel se queja diciendo: «Nunca voy a ser suficientemente buena para ti, ¿verdad? No importa cuánto lo intente». Abuela, por su lado, le recrimina a Maribel que su frustración por no tener un don es culpable de los problemas que amenazan destruir todo. La pelea termina siendo la gota que derrama el vaso y, poco después, la casita se destruye, la vela se apaga, la familia pierde sus dones, y Maribel huye.

Ahora, volvamos al río. Abuela encuentra a su nieta en el mismo lugar donde perdió a su esposo, y ocurre algo especial. En ese momento, el guion de la película dice: «Avergonzada, Abuela deja de hablar. Mirabel observa cuidadosamente a su abuela. Todo su dolor y sus intenciones no salieron como esperaba». No quiero «espoilear» la película, sino que nos enfoquemos en la emotiva canción final de la película donde Abuela Alma dice:

> Y yo me aferraba, fue un error,
> Mi gran temor los alejó.

Es interesante que la traducción literal de esa línea en inglés es: «Lo siento, me aferré demasiado fuerte / Tenía tanto miedo de perderte a ti también».

¿Notaste las palabras? Los deseos del corazón de la abuela empiezan a salir. El guion está lleno de palabras que, como hemos visto, unen el comportamiento con los deseos y las intenciones del corazón. Los deseos de Abuela de cuidar a su familia, los deseos de Maribel de ayudar (y podríamos incluir otros) terminaron destruyendo exactamente lo que buscaban proteger. Obviamente, como sucede con muchas películas, esta no termina con arrepentimiento y con los personajes confesando los deseos desordenados de su corazón y anclándose en la gracia de Cristo. Mi objetivo con esta historia es notar que incluso en las películas, podemos ver cómo funciona el corazón.

En conclusión, quizás no tenemos una casita mágica y dones supernaturales que proteger. Sin embargo, he visto en mis relaciones, y como consejero, tantos hogares, amistades y relaciones que se han caído al piso debido a personas que no examinan cómo los deseos de su corazón afectan su interacción en las relaciones.

«Es que tan solo quería... ¿qué tiene eso de malo?»

Mientras examinamos qué deseos comúnmente afectan nuestras amistades, vale notar que la abuela quería cosas buenas y que consideraríamos nobles y admirables. Ella tan solo quería la unión familiar, una familia fuerte, servir con su familia, que su familia fuera de ayuda para la comunidad, buenos matrimonios para sus hijas y una familia numerosa. No hay nada malo en esas cosas, ¿verdad?

Todos nosotros, por igual, podemos aferrarnos a algo bueno en una amistad, de tal forma que se convierta en algo que necesitamos. Querido lector, mientras profundizamos en el corazón y las amistades, es importante notar que muchas veces, en las relaciones, los deseos que terminan trayendo tantos problemas no se presentan como tiranos y déspotas, sino como deseos buenos y beneficiosos que, al no ser sometidos a Cristo, tienen un doble resultado nocivo. En primer lugar, las personas se convierten en dioses funcionales (idolatría) a los cuales acudimos para buscar lo que solo Dios nos puede dar. Como en el caso de Adán y Eva, se convierten en el fruto que nos promete ser como dios y nos llevan a no adorar y depender del Dios bíblico. Convertimos al regalo de una amistad en algo más grande que el Dador de tal regalo. En segundo lugar, saboteamos nuestras amistades, ya que los deseos desordenados se convierten en dictadores que gobiernan nuestras relaciones y, como en el caso de los Madrigal, personas que somos llamados a amar y cuidar terminan asfixiadas con el peso de nuestras expectativas, mientras que nosotros vivimos en constante ansiedad relacional al buscar controlarlos.

Ya que el corazón fácilmente convierte cosas buenas en cosas necesarias que nos llevan a la idolatría, es crucial que seamos conscientes de nuestros deseos al entablar relaciones. Pronto exploraremos perfiles de amistades, los cuales he observado tanto en mi corazón como en miles de horas de consejería. Espero que nos ayuden a discernir los deseos del corazón en nuestras amistades. Sin embargo, no es suficiente indagar en nuestros corazones, si nuestro corazón no está satisfecho en el único que puede satisfacerlo.

7

LA AMISTAD QUE LO CAMBIA TODO

«Todo el que beba de esta agua volverá a tener sed, pero el que beba del agua que yo le daré, no tendrá sed jamás».
(Juan 4:13-14)

En la obra clásica de Homero, *La Odisea*, encontramos un relato muy interesante.[38] Se cuenta cómo Odiseo embarca en una peligrosa travesía en su camino de vuelta a casa. Uno de los peligros más mortales, y que es parte de varias fábulas griegas, viene de las sirenas. Estos seres míticos atraen a los marineros con sus cánticos y belleza, y los seducen a una muerte segura.

Odiseo entiende este peligro y pide a sus compañeros de viaje que lo aten al mástil del barco. Además, les pide que se tapen los oídos con cera para no poder escuchar los hermosos cánticos de las sirenas. Estos pasos prácticos funcionan, y se dice que Odiseo fue el primero en no sucumbir a las sirenas.

Lo que es interesante es que en *Los argonautas* se pinta un plan distinto para resistir los cánticos y la belleza de las sirenas. En este plan, el gran poeta y músico Orfeo toca su lira de manera hermosa y fuerte. La preciosa música cautiva los oídos de los marinos y ahoga los cánticos de las sirenas. En esa fábula, este nuevo plan no requiere ataduras fuertes y oídos tapados, sino que los sentidos experimenten algo de más belleza que opaque la tentación de las sirenas.

---

[38] Esta introducción es parte de un artículo que escribí enfocado en las adicciones y el corazón. https://hcjb.org/las-adicciones-un-problema-del-corazon-humano/

Un modelo relacional de Orfeo u Odiseo

Con este contexto de las fábulas griegas, podríamos decir que hay dos aproximaciones a cómo pensar en nuestras amistades y relaciones interpersonales.

El primero y más común es cómo Odiseo busca dar estructura y pasos prácticos para moldear el comportamiento y así mejorar las relaciones. Hay un sinnúmero de recursos seculares de autoayuda y cristianos (que a veces son nada más la misma autoayuda pero con versículos espolvoreados superficialmente). Estos recursos proveen listas para reconocer relaciones tóxicas, herramientas para mejorar la comunicación, pruebas de personalidad para saber cómo interactuar con otros perfiles, límites que te protegen de malas amistades, etc. Ahora, no quiero que me malinterpretes, la Biblia da mucho consejo práctico (y vamos a ver eso en la segunda mitad del libro), pero no inicia en lo práctico, sino en el corazón. Recordemos que el fruto (comportamiento) nada más expone la salud de la raíz (el corazón).

En contraste con el uso de cuerdas y de taparse los oídos relacionalmente, el enfoque de Orfeo buscó mostrar algo más bello, que abruma, cautiva y ahoga los cánticos de las sirenas. La Palabra de Dios muestra claramente que nuestro corazón fue creado para adorar. Con facilidad podemos adorar una amistad, y hacemos que nuestro bienestar dependa de si este amigo nos llama, nos escribe, nos da tiempo o nos responde un mensaje. Exclamamos: «¡Oh, no, mi amigo me dejó en visto!». Sin embargo, y sin minimizar el dolor real, no consideramos que el Rey Jesucristo se encarnó, tuvo compasión de nosotros, murió en una cruz, venció la muerte, nos empodera y ahora intercede por nosotros. El corazón en busca de ser amado está seguro en que Cristo nunca lo deja en visto. El evangelio de Cristo es el único que puede cautivar el corazón y ahogar los cánticos de las amistades (buenas y malas) que pueden controlarlo.

Por eso no podemos pasar a cosas prácticas sin primero preguntarnos: «¿Soy amigo de Cristo?». Este capítulo retoma los temas de los capítulos 5 y 6, para que puedas responder esa pregunta bíblicamente.

Un texto clave

Hay dos pasajes en los que Jesús habla en primera persona sobre el tema de la amistad. El primero se encuentra en Lucas 12:4, que dice: «Así que Yo les digo, *amigos Míos*: no teman a los que matan el cuerpo, y después de esto no tienen más nada que puedan hacer». El segundo pasaje ya lo hemos visto brevemente y se encuentra en Juan 15:13-15. Esta porción bíblica es más intencional y estratégica. Es el único pasaje en todo el Nuevo Testamento donde Jesús utiliza tres veces la palabra «amigos» en una sección relativamente corta.

En esos tiempos (obviamente) no existían las computadoras y no se podía poner el texto en negrita, en mayúsculas o subrayarlo. Una manera de marcar énfasis era la repetición. Cada vez que vemos una palabra o frase que se repite, el autor quiere mostrarnos algo, resaltar su importancia. Consecuentemente, este pasaje es clave para entender la perspectiva de Cristo de la amistad.

El texto dice:

> Nadie tiene un amor mayor que este: que uno dé su vida por sus *amigos*. Ustedes son Mis *amigos* si hacen lo que Yo les mando. Ya no los llamo siervos, porque el siervo no sabe lo que hace su señor; pero los he llamado *amigos*, porque les he dado a conocer todo lo que he oído de Mi Padre. (Juan 15:13-15)

Amistad en los términos del Rey

En el capítulo 5 desenmascaramos el error de ver una amistad con Cristo a través del filtro de nuestras presuposiciones y experiencias. El resultado es que, al ver a Cristo como amigo, podemos considerar que es una amistad entre iguales. Este no es el caso. Una amistad con Cristo nos invita a ser amigos del Rey con la honra y beneficios que esto conlleva, pero también con los estándares y las responsabilidades que implica.

Pongamos un ejemplo. Si quiero tener una reunión con un mandatario o persona en autoridad, en primer lugar, sabemos que no sería fácil. En realidad, requiere que la persona en autoridad tome la iniciativa de querer reunirse. En segundo lugar, no nos sorprendería que se provean pautas para tal reunión. Yo tengo que someterme y alinearme al horario que pueda darme, a la duración de la reunión que me proponga, al lugar donde pueda reunirse y seguramente a otras reglas de vestimenta y seguridad.

Con esto en mente, Juan 15:14 dice: «Ustedes son Mis amigos *si* hacen lo que Yo les mando». Aquí tenemos una oración condicional. De manera eterna, perfecta y sin caprichos ni pecado, Jesús tiene toda la autoridad para poner los términos para una amistad con Él. Esto es fundamental. La Biblia enseña que es posible vivir pensando que estamos en relación con Él y terminar escuchando: «Yo nunca te conocí». A continuación veremos varias declaraciones que enmarcan cómo ser amigos de Cristo.

1. Somos automáticamente enemigos de Cristo

De la mano con ignorar que una amistad con Cristo es una amistad con el Rey, viene otro error común que dice que la humanidad es automáticamente amiga de Jesucristo, cuando lo opuesto es verdad.

Esta idea comúnmente nace de la perspectiva de que, como humanidad, por naturaleza, somos hijos de Dios, ya que fuimos creados a la imagen y semejanza de Dios (*imago Dei*). Sin embargo, la Escritura muestra que la caída tuvo efectos desastrosos en la humanidad. Ahora, pese a que después de la caída no hemos perdido el *imago Dei* (Gén. 9:6), el pecado ha roto nuestra relación con Dios al punto de que Efesios 2:3 dice que, por naturaleza, no somos hijos de Dios sino «hijos de ira».

Esto, a su vez, informa que la separación entre el Rey Cristo y la humanidad no es solo una en rango como la que ocurre entre distintos grupos socioeconómicos, sino una basada en el carácter y los atributos del rey. El Rey Cristo es un rey justo que gobierna mediante Su Palabra autoritativa, suficiente e inerrante (sin errores) y desde la caída, la humanidad ha cuestionado y se ha revelado en contra de Dios, viviendo activamente como amigos del mundo.

Santiago 4:4 dice: «¡Oh almas adúlteras! ¿No saben ustedes que la amistad del mundo es enemistad hacia Dios? Por tanto, el que quiere ser amigo del mundo, se constituye enemigo de Dios». Por tanto, el Rey perfecto no puede ser amigo de aquellos que en pensamiento y obra diariamente infringen su ley y no son amigos, sino que comenten adulterio espiritual en contra de Dios. En resumen, la clara enseñanza bíblica es que todos los seres humanos (eso nos incluye a mí y a ti) por naturaleza somos pecadores y enemigos de Dios, y tenemos la necesidad de reconciliarnos con Él (ver también Rom. 3:23; 5:10; 8:7; 2 Cor. 5:18, 19, 21; Col. 1:20-21).

2. El Rey desciende y llama amigos a Sus enemigos

Como dijimos anteriormente, una amistad se considera saludable tan solo si ambos lados están igual de comprometidos, si hay un nivel de igualdad. Lo que es increíble es que Cristo no se acerca porque compartimos Sus gustos o tenemos los mismos objetivos. Lo opuesto es verdad; Él se acerca a Sus enemigos pese a que están en rebelión. Como Rey poderoso, soberano y quien odia el pecado, podría justificadamente aplastar y destruir al pecador. Sin embargo, el Rey da el primer paso para hacernos amigos y familia.

Ahora, hay un problema. Ya que Jesús es totalmente justo, ¿cómo puede llamar al injusto a una relación sin perder Su justicia? La respuesta está en que Jesús necesariamente tiene que «perder» para hacerse nuestro amigo. Jesús no busca una amistad con nosotros porque nos necesite, sino que lo hace por Su gloria, en amor para nuestro beneficio.

Observemos el versículo 13. ¿Cómo pudo hacer esto Cristo? «Nadie tiene un amor mayor que este: que uno dé su vida por sus amigos» (Juan 15:13). Romanos 5:7-8 afirma: «Porque difícilmente habrá alguien que muera por un justo, aunque tal vez alguno se atreva a morir por el bueno. Pero Dios demuestra su amor para con nosotros, en que siendo aún pecadores, Cristo murió por nosotros». Otra forma en la que podríamos traducir este texto sería: «Dios muestra Su amor para con nosotros en que, siendo aún pecadores, Cristo murió por nosotros para que seamos amigos». Él es el amigo perfecto.

Un autor declara: «Resulta que la historia de la humanidad es nada menos que la historia de cómo el Dios trino nos da la bienvenida a una amistad eterna consigo mismo. Ser cristiano es conocer a Jesús, y ser conocido por Él como un querido amigo. Como predicó el gran pastor del siglo XIX, Charles Spurgeon: «El que quiera ser feliz aquí debe tener amigos; y quien quiera ser feliz en el más allá debe, sobre todas las cosas, encontrar un amigo en el mundo venidero, en la persona de Dios».[39]

3. El mensaje más importante que puedes escuchar

Este mensaje es la diferencia entre la vida y la muerte, el infierno y el cielo. Por eso, repasemos lo que hemos dicho.

En primer lugar, la Biblia muestra que Dios tiene muchas características, o lo que los teólogos llaman «atributos», tales como Su amor, ira, gracia, misericordia y santidad. Por ejemplo, Su amor y misericordia se muestran en que Dios trata con bondad sacrificial a aquellos que no se lo merecen (2 Sam. 24:14; Sal. 145:8-9; 130:3-4, Luc. 1:50). Al mismo tiempo, Dios también tiene una santa ira que castigará la maldad (Deut. 9:7-8; Rom. 12:19; Apoc. 19:15). Además, Dios es santo. «Esto significa que Él es absolutamente distinto de todas Sus criaturas, y está exaltado sobre ellas en infinita majestad»[40]. En otras palabras, Él es absolutamente perfecto y puro (Ex. 20:8-10; Lev. 20:26; 1 Sam. 2:2; Job 34:10; Sal. 99:1-5). Es clave entender esto porque la Biblia no dice que Dios es ira, ira, ira, o incluso amor, amor, amor, sino que Él es santo, santo, santo[41] (Isa. 6:2-3; Apoc. 4:8) y, por lo tanto, la humanidad debe orientar sus vidas para cumplir

---

[39] Drew Hunter y Ray Ortlund, *Made for Friendship: The Relationship that Halves our Sorrows and Doubles our Joys* (Wheaton, IL: Crossway, 2018).

[40] Louis Berkhof, *Systematic Theology* (Grand Rapids, MI: Wm. B. Eerdmans Publishing Co., 1938), p. 73.

[41] R. C. Sproul, *La santidad de Dios* (Graham, NC: Publicaciones Faro de Gracia, 2009), p. 28.

con Sus estándares (1 Ped. 1:15) y vivir para Su gloria, ya que Él es lo más valioso y digno.

Ahora, pese a que el hombre fue creado a la imagen y semejanza de Dios (Gén. 1:26-27), Adán y Eva pecaron (Gén. 3) y se declararon en rebelión y separación de este Dios perfecto y santo (Isa. 59:2; Rom. 6:23). Ya sea el chico religioso «bueno», o el ateo que es «buena gente», la Biblia muestra claramente que no existe gente buena (Rom. 3:9-12) y las realidades de nuestro mundo comprueban lo acertado de esta afirmación. La Escritura muestra que el pecado ha afectado todas las áreas de la humanidad (Tito 1:15-16) y esto incluye la voluntad (Rom. 1:32; 7:18-19; Ef. 2:2-3), el intelecto (Rom. 1:21; 1 Cor. 2:14), el corazón (Jer. 17:9; Mar. 7:21-23); por tanto, humanidad no tiene la habilidad de agradar a Dios (Isa. 64:6; Juan 15:5; Rom. 8:8).[42] En resumen, estamos tan mal que Dios nos muestra como un cadáver en descomposición (Ef. 2:1-3).

Entonces, si hemos entendido la gran distancia entre Dios y el hombre, tiene todo sentido que Dios envíe al infierno a los pecadores. Ahora, algo increíble es que por, un favor inmerecido (o lo que teólogos llaman *gracia*), un regalo, el Dios de ira ha provisto una forma para que nosotros, como cadáveres apestosos que hemos declarado la guerra en contra de Dios, podamos ser salvos y disfrutar una nueva vida y la eternidad con Él. La respuesta es que Él envió a Su Hijo unigénito (Juan 3:16). Jesús es totalmente Dios y totalmente humano. Cristo vivió la vida perfecta que Dios requiere; pero murió injustamente en una cruz siendo tratado como el peor de los pecadores (2 Cor. 5:21).

Debido a este increíble sacrificio, en el cual Dios envía a Su propio Hijo a morir por el pecador, es clave entender que no hay otra manera de ser salvo y que Cristo es el Salvador exclusivo de la humanidad. Si abres tu Biblia y vas a Juan 14:6, observarás que el texto tiene el pronombre *el*. El pasaje no dice, soy *un* camino, *una* verdad, *una* vida; esto es porque Dios deja en claro que Cristo no es solo un camino entre muchas otras opciones aceptables para que pecadores entren al cielo.

[42] Véase declaración 2.

Las tradiciones, las prácticas religiosas, el buen comportamiento, el voluntariado, las causas sociales, la búsqueda de la perfección, el Papa, las indulgencias, el amor a los animales, el ambientalismo y cualquier tipo de obras no pueden salvar a la humanidad (2 Tim. 1:9). Estos esfuerzos, pese a que muchas veces son bienintencionados y sinceros, suponen que la humanidad pecadora puede cumplir el estándar perfecto de Dios por sí misma y que el sacrificio de Cristo es insuficiente e inútil. Además, recordemos que lo importante no es la sinceridad, ya que podemos estar sinceramente equivocados. El evangelio de Cristo dice que Jesús descendió y se convirtió en el único sustituto aprobado por Dios para nuestro pecado. Esta sustitución por gracia —en la cual Cristo recibió el castigo que nos merecíamos, mientras Dios nos trata como que hubiéramos vivido la perfecta vida de Cristo— requiere que los pecadores confíen solo en Él y no en ningún esfuerzo centrado en el hombre para la salvación (Rom. 3:28; 10:9-10; Ef. 2:8-10; Tito 3:5; 1 Jn. 5:13).

4. El arrepentimiento y la fe son la puerta para la amistad más importante

Hace unos meses, recibí una llamada que no esperaba. «Sr. Moncayo, queremos comunicarle que usted es uno de los ganadores del sorteo de un *scooter* eléctrico».

No lo podía creer. Yo no soy de los que ganan sorteos, y sinceramente pensé que era una estafa. Empecé a hacer preguntas y la persona en la línea claramente tenía toda la información. Tenía mi número de cédula, la fecha de la compra, etc. Me dije: «¡Creo que realmente gané!». Al terminar la conversación, la representante terminó con las palabras: «Para poder acceder al premio, debe acercarse, y no olvide llevar una identificación y su cédula de identidad». Pocos días después fui, presenté mi cédula y, en instantes, era dueño de un flamante *scooter* eléctrico.

Cuento esta historia porque me he topado con muchas personas de la iglesia que saben la información del evangelio. Saben que Dios es santo, que el hombre es pecador y que Jesús es el único mediador entre un hombre pecador y un Dios perfecto. Sin embargo, cuento la historia ya que yo no hubiese tenido en mis manos el *scooter* si no respondía a la llamada, me subía al auto con mi cédula y me presentaba en el local.

La Palabra de Dios dice que la respuesta al evangelio es el arrepentimiento y la fe. Repitiendo una frase anterior, Cristo vivió la vida perfecta que Dios requiere; pero murió injustamente en una cruz y fue tratado como el peor de los pecadores (2 Cor. 5:21), para que los pecadores que se arrepientan y confíen (pongan su fe) en Él sean justificados.

Esto requiere humildad. Observa que los amigos de Jesús se acercaron a Él de esta forma. Nunca vemos a Juan el Bautista alardear y decir: «Yo soy pana, cuate de Jesús». De hecho, él dice: «Él es el que viene después de mí, a quien yo no soy digno de desatar la correa de su sandalia» (Juan 1:27). Más adelante, declara: «Es necesario que Él crezca, y que yo disminuya» (Juan 3:30).

Otro amigo es Lázaro. Este ejemplo es muy ilustrativo para entender cómo acercarnos a una amistad con Jesús. Lázaro estaba muerto. Efesios 2:1 dice: «Y Él les dio vida a ustedes, que estaban muertos en sus delitos y pecados». Jesús es soberano para salvar. Es Jesús quien tiene que venir como el amigo para salvarlo. Lo que es increíble en este pasaje es que Jesús llora por Su amigo. Aunque el Señor tenía todo el poder para resucitar a Lázaro, antes de hacerlo, llora por él. ¡Ese es el amigo que tenemos! Un amigo que está lleno de amor y que, en compasión, se acerca a Sus enemigos, que están muertos y pudriéndose, para darles vida.

Hoy, arrepiéntete de tus pecados y pon tu confianza en este hermoso amigo.

Conclusión

El Evangelio de Juan tiene un objetivo, y no es ver a Jesús como amigo para que ahora tengas mejores amistades. ¡NO! El autor mismo declara en Juan 20:30-31 que el propósito de este precioso Evangelio es «que ustedes crean que Jesús es el Cristo, el Hijo de Dios; y para que al creer, tengan vida en Su nombre». Cristo no viene primordialmente para dar vida a tus amistades. Viene en primer lugar par darte vida a ti. Esta vida es vida en abundancia, como también vida eterna.

Estimado lector, sería trágico y cometería negligencia espiritual al escribir un libro de amistades sin claramente mencionar cómo cambiar tu identidad de enemigo a amigo de Cristo. Como dijo Jonathan Edwards, invitarte a «que [tu] primer amor sea entrar en una amistad eterna con Cristo que nunca se romperá».[43]

Sin embargo, muchos están ocupados en buscar su *BFF*, su mejor amigo, su «persona», como se dice actualmente. Pero cuando este mundo se acabe, se darán cuenta de que estarán en enemistad con el único que importaba que tuvieran una amistad: Cristo. Él hizo a través de la cruz el puente de amistad para aquellos que estaban en enemistad con Él.

Ya que la ruptura de las relaciones a nivel horizontal tiene su fuente en la caída, con la ruptura a nivel vertical con Dios, tu problema actual quizás no sean tus amistades o relaciones interpersonales, sino que tu corazón todavía busca en ellas lo que solamente Dios te puede dar. Hoy toma las palabras de Agustín: «Nos hiciste para ti y nuestro corazón está inquieto hasta que descanse en ti» (*Confesiones*, i, 1, 1).

---

[43] http://edwards.yale.edu/archive?path=aHR0cDovL2Vkd2FyZHMueWFsZS5lZHUvY2dpLWJpbi9uZXdwaGlsby9nZXRvYmplY3QucGw/Yy40MjozMS53amVvLjE1NTU4NzAuMTU1NTg3NC4xNTU1ODc3LjE1NTU4ODAuMTU1NTg4NS4xNTU1ODkx

PARTE 3

LA ESCUELA DE AMISTAD CON EL AMIGO PERFECTO

Supongamos que nuestro deporte favorito es el fútbol y, sin querer entrar en polémica de quién es mejor, recibimos una llamada de Cristiano Ronaldo o Lionel Messi que dice que preparemos nuestra casa porque él quiere invertir tiempo y ayudarnos en nuestras habilidades futbolísticas. Si el fútbol no es lo tuyo, piensa que la autoridad de tu pasatiempo favorito te dice que está camino a tu casa para darte una instrucción personal e individualizada. La respuesta normal seguramente sería: «¡Qué increíble! ¡La mayor autoridad del tema quiere invertir su tiempo para enseñarnos!».

Desde esta sección en adelante, vamos a asistir a la escuela de la amistad y aprender de nada más y nada menos que de la autoridad y estándar en amistades: Jesucristo.

8

PERFILES EN LA AMISTAD

Dime con quién andas y te diré quién eres

Hemos dicho que tanto los momentos más hermosos como los más dolorosos están unidos por amistades profundas o por desilusiones relacionales que dejan un impacto en nuestras vidas. Este capítulo busca presentar varios perfiles de amistad, considerando deseos comunes de personas que nos llevan a esos momentos de gozo o dolor. Si modificamos la conocida frase, podríamos decir: «Dime lo que deseas y te diré qué tipo de amigo eres».

Ahora, como seres relacionales creados a la imagen y semejanza de Dios, y como seres después de la caída, los momentos de gozo y los de lágrimas están unidos a deseos complejos y multifacéticos que son difíciles de categorizar. Paul Tripp y Tim Lane identifican tres perfiles, considerando deseos relacionales: la relación frustrada, la relación enredada y la relación aislada.[44] Por otro lado, Kelly Needham identifica tres tipos de amigos al considerar deseos egoístas. Estos son el amigo demandante, el amigo divisivo y el amigo que depende más de la amistad que de Cristo.[45] Finalmente, la consejera bíblica Amy Baker, en su libro *Getting to the Heart of Friendship,* da una lista mucho más exhaustiva de cómo los deseos afectan las amistades.[46] Ella sugiere que nos convertimos en amigos falsos, ya que usamos

---

[44] Tripp y Lane, *Relationships*, pp. 18-19.

[45] Kelly Needham, *Friendish* (Nashville, TN: Thomas Nelson, 2019), edición para Kindle, pp. 48-52.

[46] Ver Amy Baker, *Getting to the Heart of Friendships* (Bemidji, MN, Focus Publishing, 2010). Esta sección es un resumen de la primera parte del libro (caps. 1–10, pp. 1-112). Baker toma un capítulo para desarrollar cada uno de los puntos en la lista que yo menciono.

las amistades con motivos egoístas para nuestros propósitos. Mientras lees la siguiente lista, considera en primer lugar el tipo de palabras que se enfocan en deseos del corazón, y en segundo lugar, nota que varios de los deseos no son necesariamente malos o pecaminosos, pero son peligrosos si no están anclados en una amistad con Cristo.

- El amigo que anhela ser aprobado y aceptado.
- El amigo que desea controlar y quiere estar a cargo.
- El amigo enfocado en protegerse y que no quiere ser lastimado.
- El amigo que se preocupa por hacer lo apropiado.
- El amigo que ama el placer y su enfoque es divertirse.
- El amigo cómodo que ansía facilidad y confort.
- El amigo enfocado en el prestigio, que busca subir de estatus.

A partir del útil trabajo de estos fieles hermanos, quiero expandir la lista de Tripp y Lane y proveer cuatro perfiles de amistades para ayudar a ver cómo nuestros deseos afectan nuestras amistades.

LA AMISTAD FRUSTRADA

Es miércoles por la tarde y dos mujeres —llamémoslas Ana y Sofía— se encuentran en dos lugares opuestos de la ciudad, pero comparten un deseo común. Ambas esperan con ansias el final del día para asistir a su «comunidad», un tiempo de estudio de la Biblia, oración, comida y compañerismo con la bendición especial de tener tiempo la una con la otra. Ahora, pese a que cada una está emocionada por ir, ambas llegan con deseos y expectativas muy distintas basadas en sus experiencias del día.

Por un lado, tenemos a Ana, una mujer soltera de carrera que tuvo un día largo y difícil en su trabajo. Después de lidiar con tensión relacional, la presión de sus compañeros y reuniones tensas en cuanto al trato con los demás, Ana está emocionada de llegar a un espacio seguro, donde puede disfrutar de la compañía de sus amigos sin sentirse a la defensiva, y su plan es disfrutar calladamente de personas que aprecia y ama.

Por otro lado, Sofía es una esposa amorosa y madre fiel. Tiene sus manos llenas al ser ama de casa y profesora de escuela en casa. Hoy también fue un día difícil para ella, y está segura de que algo va a pasar con su salud mental si escucha la preciosa voz de sus hijos diciendo: «Mami, Mami, Mami» una vez más. Ella también está emocionada por la reunión, pero en especial por tener conversaciones con adultos que no tengan que ver con dibujos animados o arbitrar peleas entre sus hijos.

¿Notaron qué está a punto de pasar? Ana desea compañerismo silencioso; Sofía, conversaciones profundas. Estos dos deseos distintos van a colapsar. Adelantemos la película y, al terminar la reunión, ambas vuelven a sus respectivas casas, frustradas. Ana está resentida porque siente que Sofía fue controladora con sus infinitas preguntas. Sofía, por otro lado, está luchando con dolor, ya que sintió que su amiga Ana la ignoró. Ambas terminan el día con la semilla de la pregunta: «¿Somos amigas en realidad?».

Tripp y Lane enmarcan esta situación al mencionar dos extremos que comúnmente deseamos en cuanto a las relaciones: aislamiento o inmersión.[47] Añaden que, pese a que la mayoría de nosotros no vivimos en esos extremos, tenemos tendencias a uno de esos lados. Sin embargo, es bueno notar que a ese paradigma le podemos añadir diversos otros deseos que son parte de la experiencia humana en las amistades. En el ámbito de las amistades, comúnmente vas a encontrar deseos que aparecen habitualmente (en el día a día) o que tienden a aparecer en una situación particular (como la de Ana y Sofía). Estos pueden incluir un deseo de aprobación, de control, de protección y muchos otros.

Por ejemplo, unos equiparan ser un buen amigo con hacer muchas cosas juntos. Esto incluye llenar el horario y ser quien planifica para tener muchos recuerdos. Por otro lado, hay quienes se estresan con la idea de tanta planificación, y consideran que una buena amistad es una en la que uno se sienta y descansa con otros, sin tantas cosas que hacer. Unos consideran que un buen amigo habla en medio del dolor, mientras que otros piensan que lo mejor es estar callados. Unos piensan que una amistad requiere una vulnerabilidad brutal, mientras que otros son vulnerables, pero tienen un estándar distinto de vulnerabilidad. Unos

---

[47]Tripp y Lane, *Relationships*, p. 17.

valoran la cantidad de tiempo, mientras que otros priorizan la calidad. Es más, unos consideran que el mejor contexto para la amistad es tener el olor de una barbacoa, mientras que otros piensan en una ensalada. Si no me crees, considera la tensión que a veces ocurre cuando un grupo de amigos quiere decidir qué comer al tratar de considerar todas las sugerencias (especialmente, después de la iglesia).

En este mundo es muy común encontrarnos entre amistades donde una persona tiene deseos radicalmente contrarios a la otra. Un amigo piensa: «Quiero mi espacio», mientras que su amigo tiene en mente: «Te necesito para sobrevivir». Como puedes ver, cuando dos deseos distintos llegan a una amistad, el resultado es frustración e incluso conflicto.

LA AMISTAD REVUELTA

Lucía y Julia son dos jóvenes que asisten por primera vez a una iglesia el mismo día. Al final del servicio, en un tiempo informal, Lucía comenta con vacilación: «Te he visto en algún lado», a lo cual Julia responde: «Yo también a ti».

Después de una breve conversación, se dan cuenta de que son compañeras de la misma carrera y, además, ambas se mudaron y dejaron su familia e iglesia para estudiar en la ciudad. Eso les da una conexión de amistad inmediata. Además, ambas son personas que muestran abiertamente sus sentimientos con facilidad. Esta apertura se siente refrescante cuando ambas han sentido una frustración al ver que, en distintas iglesias, las personas muchas veces no son abiertas o lo suficientemente reales y vulnerables. Al volver a su hogar, ambas le agradecen a Dios por responder sus oraciones al encontrar una amiga y, desde ese momento, su amistad crece. En pocas semanas, Lucía y Julia son inseparables. Pasan tiempo juntas, ven películas juntas, e incluso aprovechan el 2x1 en el gimnasio donde asisten semanalmente juntas. Tanto su horario como sus redes sociales dan testimonio de que Lucía y Julia han encontrado a su mejor amiga, y se vuelven inseparables.

Pero, como en toda relación, esa sensación de luna de miel no se queda así, y meses después, encontramos a Julia molesta. Lucía, una vez más, la llamó de último momento para cancelar su tiempo juntas en el gimnasio. El dolor no es solo relacional sino también práctico, ya que ella canceló otros planes para llegar al gimnasio. Además, Lucía tiene las llaves del casillero. Parte de la amistad es que han compartido gastos, y la frustración de Julia aumenta, ya que Lucía no parece ser consciente de las cosas.

Semanas después, la gota que derrama el vaso llega cuando Julia invita a un grupo de amigos al estreno de una película que Lucía dice que es «nuestra película». En el cine, la tensión se puede cortar con tijeras y el resto de los amigos la siente. Se alejan. Esto a su vez hace que Julia y Lucía sientan que tienen que luchar aún más por su amistad. Un año después, Lucía y Julia ya no son más amigas. Es más, la intencionalidad de pasar tiempo juntas se ha convertido en una intencionalidad de evitarse a toda costa.

¿Qué ocurrió?

Tripp y Lane dan un buen diagnóstico:

> Debido a que cada uno mira al otro para satisfacer expectativas relacionales muy altas, ambos se vuelven muy sensibles, fácilmente heridos y críticos. Mucha de la energía en la relación se gasta lidiando con ofensas menores, reales o percibidas. Cada uno se siente herido porque sus expectativas de la otra persona nunca se cumplen por completo.[48]

Eso es lo que comúnmente puede ocurrir con la amistad revuelta o enredada. Esta es la amistad que al principio parece demasiado buena para ser verdad. Tienen los mismos gustos, deseos, horarios, intereses y ambos comparten una tendencia a la inmersión. Y cuando todo parece que va perfecto, puede ocurrir una de dos cosas: 1) *¡Bum!*, explota; 2) la amistad requiere tal esfuerzo que demanda hasta el cansancio para mantener la relación a flote.

Ahora, no quiero minimizar el regalo increíble que es encontrar en este mundo caído a personas con las cuales puedes compartir cosas en común. Es una bendición de Dios, y ya hablaremos más sobre esto.

---

[48] Tripp y Lane, *Relationships*, p. 18.

El problema es que, después de la caída, el corazón humano puede fácilmente buscar en este regalo lo que solo se puede encontrar en el Dador y Creador de ese regalo. Las amistades se convierten en salvadores sustitutos.

En cuanto a los pensamientos, las personas en una relación revuelta piensan que necesitan a alguien para suplir diversos deseos. «Necesito tu aprobación, necesito tu protección, necesito tu compañía (para verme bien o para algo más)». Al hacerlo, crean lo que se conoce como codependencia, y que la Biblia llama con varios matices el «temor al hombre».

Nuestros deseos desordenados buscan convertir algo que sería bueno tener en algo que necesito para vivir. Una relación tan cercana se presta fácilmente para dar ese paso. No obstante, y como vimos anteriormente, no fuimos creados para sostener en nuestras fuerzas las expectativas de otra persona, y la amistad revuelta puede esconder deseos de buscar en otros lo que solo Dios nos puede dar. Es más, puede proteger deseos pecaminosos tras la fachada de algo tan lindo como la amistad. «Yo tan solo quería que compartiéramos ese tiempo juntos».

La amistad revuelta que simula «una sola carne»

En mayo de 2021 el *New York Times* publicó un artículo titulado *From Best Friends to Platonic* Spouses[49] [De mejores amigos a cónyuges platónicos]. Una versión de este artículo en español traduce el título como *Amigos hasta que la muerte nos separe. ¿De qué se tratan los casamientos platónicos?*[50]

El artículo presenta la historia de dos amigas que dieron «el salto definitivo en su vínculo de amistad» al casarse platónicamente y hacer votos. El matrimonio platónico se define como «una unión legal basada en la conexión espiritual o el amor práctico, más que en el amor sexual o romántico». Ahora, el matrimonio homosexual es un

---

[49] https://www.nytimes.com/2021/05/01/fashion/weddings/from-best-friends-to-platonic-spouses.html

[50] https://www.lanacion.com.ar/sabado/amigos-hasta-que-la-muerte-nos-separe-de-que-se-tratan-los-casamientos-plato-nid07052021/

tema importante, pero que está fuera de los objetivos de este libro. Yo creo que la Escritura es clara en cuanto a que el homosexualismo es un pecado, y que la Iglesia debe abordar este tema bíblicamente con un tono de un pecador hablando a otro pecador.[51]

Sin embargo, mi deseo es llevar tu atención a la progresión que muestra el artículo. El escritor apunta a una amistad tan cercana (revuelta) que, al no estar anclada en el evangelio y el temor de Dios, encuentra en el matrimonio el siguiente paso lógico en su búsqueda de profundizar la relación. Ahora, quizás la idea de casarte con tu mejor amigo no ha venido a tu mente, pero es importante notar otros detalles que comúnmente se pueden encontrar en una relación revuelta.

En primer lugar, la Biblia enseña la importancia del matrimonio hasta el punto de decir que, la unión entre un hombre y una mujer, en realidad es parte de un misterio que apunta a Cristo y la Iglesia (Ef. 5:32). Pese a que amo las amistades y he invertido más de un año en buscar proveer un recurso para que otros vean lo hermosas que son, quiero dejar registrado que la Biblia no pinta las relaciones de amistad bajo la misma luz que el misterio de la relación matrimonial.

En su libro *Friendish* [Algo así como un amigo], Kelly Needham incluye un fantástico capítulo[52] donde concuerda con este punto, al decir:

> La Biblia es clara en que el matrimonio es la única relación exclusiva y vinculante. Ninguna otra relación humana recibe el título de «una sola carne». Ninguna otra relación humana puede decir «tú me perteneces». Ninguna otra forma de relación humana exige un compromiso de por vida (Gén. 2:24; 1 Cor. 7:4, 39).[53]

Cuando tengo el privilegio de oficiar bodas, una línea que siempre me impacta es cuando se dicen uno al otro: «Yo te honrare, te protegeré y te seré fiel a ti, y solamente a ti». Estas palabras son apropiadas

---

[51] Esto sale del título de una plenaria de Heath Lambert sobre el tema: *One Sinner to Another: How the Church Must Speak about Homosexuality*. https://youtu.be/ba-C2GIWvx8

[52] Needham, *Friendish*, cap. 4.

[53] Needham, *Friendish*, p. 57.

para un matrimonio, pero no para una amistad. Las amistades revueltas fácilmente son atraídas por estas y otras características de un matrimonio. Kelly Needham nos aclara el panorama al decir que «esta es una forma de amistad que imita el matrimonio. Claro, puede que no se trate de algo sexual, pero muchas de las características de un matrimonio están presentes: la exclusividad, el romance, la cercanía física y las promesas».[54]

La amistad revuelta se puede ver en expectativas que serían normales para un matrimonio, pero que se vuelven peligrosas en una amistad. Entre estas expectativas encontramos las siguientes:

1. Añoran tener tiempo a solas. Se separan de los grupos para pasar tiempo juntos.
2. Buscan ser exclusivos en actividades y hay temor de participar de actividades con otras personas. «Esa es nuestra película, ¿por qué invitas a otros?», «¿Qué va a pensar si voy a _____ con _____?».
3. Sienten celos o amenaza cuando otras personas se acercan. «¿Por qué está pasando tanto tiempo con _____ y no conmigo?».
4. Hay un enfoque en los compromisos y las promesas. «Tú prometiste _____», «Prométeme que _____».
5. Buscan ser exclusivos en cuanto a la protección. Tienen una perspectiva de «tú y yo contra el mundo».
6. Se usan palabras románticas: «Tú eres la única persona que me entiende».
7. Hay límites emocionalmente ambiguos. Una de las personas supone que puede representar a la otra y sus emociones, y que es la única que la entiende de verdad. Responde preguntas en lugar de ella, alegando cosas como: «Sé lo que es mejor para ti», o «Sé que esto es lo que estás sintiendo».
8. Hay límites físicamente ambiguos: abrazos prolongados, constante contacto físico, falta de privacidad apropiada al cambiarse de ropa y otras actividades.

---

[54]Needham, *Friendish*, p. 56.

Finalmente, hay varios deseos posibles que pueden motivar una amistad revuelta. Uno común es el deseo de casarse. Hay personas que buscan amistades revueltas mientras esperan casarse, o para reemplazar el matrimonio cuando parece ser que este no se va a dar, o cuando no desean que se dé. Vale recordar que Efesios 5:32 enseña que el matrimonio *apunta* al Salvador y no *es* el salvador.

A continuación veremos algunos comentarios y consideraciones finales a tener en cuenta:

1. Ten cuidado ante signos de alerta, cuando una amistad empieza a parecerse a un matrimonio.
2. Ten cuidado de no ver una amistad revuelta como el objetivo. La comunidad cristiana (de la cual hablaremos más adelante) puede pensar que una amistad revuelta es el objetivo de cómo se debe ver una amistad bíblica. No caigas en esta trampa.
3. Si eres soltero, ten cuidado de no ir en contra del matrimonio. No puedo subrayar lo agradecido que estoy con amigos que honran mi matrimonio. No estoy hablando solamente del cuidado en el contexto de la inmoralidad y de ser irreprochables. Me refiero a esas personas que nos animan, nos nutren y nos bendicen con su amistad a mi esposa y a mí. Esto se ve en que no buscan competir ni usar la culpa para buscar más tiempo de amistad.
4. Si eres soltero, está bien que quieras casarte, pero no mires al matrimonio como un salvador, ya que es un pésimo salvador.
5. Casado: crece en tu amistad con tu cónyuge. Que Dios permita que solteros y casados por igual puedan ver en ti un ejemplo imperfecto de una amistad bíblica dentro del matrimonio. Los matrimonios fuertes son la mejor apologética para el matrimonio.
6. Usa el contacto físico de manera apropiada. Cristo se encarnó. El contacto físico es parte de quienes somos como humanos. Con la pandemia aprendimos que ministrarnos no es solamente escuchar un sermón (que es fundamental), sino que también incluye vernos, saludarnos y abrazarnos. Los servicios en línea no son suficientes. Al mismo tiempo, debemos tener cuidado de usar el contacto físico de manera inapropiada. Considero

que no es apropiado que haya abrazos entre varones y mujeres solteros en la iglesia.

LA AMISTAD AISLADA

Aquí tenemos otra vez a Julia y Lucía, pero después de meses, años o incluso décadas. Ambas viven en ciudades distintas y su grupo de amistades ha cambiado mucho. Pese a que no lo piensan conscientemente y no han hablado la una con la otra, su perspectiva relacional es similar, y cambió después de lo que pasaron juntas. Ambas, de maneras distintas, han permitido que los escombros relacionales de la explosión de su amistad ahora mantengan a otras amistades a una distancia que consideran segura. Pese a que son cordiales, serviciales y educadas en su trato con otros, su vida está marcada por una perspectiva desconfiada y escéptica de otras personas que las mantiene reservadas y enfocadas en «lo mío». Su corazón no quiere volver a sentir dolor, frustración y amargura, y por eso, ahora guardan cuidadosamente sus sentimientos esquivando relaciones que parece acercarse mucho.

Es importante notar que las motivaciones para que una persona busque aislamiento son muchas y su estudio está fuera del alcance de este libro. Por ahora, veamos brevemente algunos motivos por los que las personas buscan aislarse.[55]

Dolor: Como en el caso de Julia, las personas, como pecadoras y perjudicadas, han experimentado dolor relacional que es real y no debe ser minimizado, pero sin el evangelio, nos lleva a la amargura y al aislamiento. El razonamiento detrás de esto sería algo como: «Las relaciones me lastimaron y no necesito a nadie».

Comodidad: Las amistades suponen tiempo, esfuerzo y conllevan cierto riesgo. El pecado es egoísta y nos lleva a querer seguridad, comodidad y a enfocarnos en nosotros mismos. El aislamiento

[55] Un recurso muy práctico, útil y corto sobre este tema es el libro de Edward T. Welch, *A Small Book about Why We Hide* (Greensboro, NC: New Growth Press, 2021).

promete cada una de esas cosas. El razonamiento detrás de esto sería algo como: «Las amistades cuestan mucho; prefiero estar solo».

Contexto/Ignorancia: Tenemos que afirmar que hay personas que crecieron en culturas o contextos donde, por situaciones socioeconómicas, religiosas o de otra índole, se anima o se valora el ser retraído. Además, podemos añadir a esta categoría la tendencia de personas que naturalmente son más introvertidas. Esto puede fomentar el aislamiento. No obstante, a pesar de que nuestros contextos y tendencias nos pueden influir, no nos definen, y por eso este punto incluye la ignorancia. Como veremos más adelante, una perspectiva bíblica informa cómo vemos el aislamiento. El pensamiento erróneo aquí podría ser: «Yo soy introvertido y por eso está justificado el aislarme».

Temor al hombre: Cuando una persona está más enfocada en lo que otros piensan de ella en vez de lo que Dios piensa, eso es carbón para el fuego de las inseguridades. Como resultado, esto nos paraliza y nos lleva a aislarnos. El razonamiento detrás de esto sería: «No sé qué van a pensar de mí. Mejor me aíslo».

Pecado: Después de pecar, Adán y Eva se escondieron. El pecado trae culpa y vergüenza que fomentan el aislamiento. No es el único motivo, pero vale la pena considerar si la búsqueda de aislamiento está anclada en la vergüenza y la culpa por el pecado. Gracias a Dios, Él es fiel y justo para perdonar y limpiarnos del pecado (1 Jn. 1:8-10). El razonamiento detrás de esto podría ser: «Me siento sucio por mi pecado, no me merezco amigos», o «Quiero esconder mi pecado, entonces me aíslo».

Amigos verdaderos o tan solo conocidos

Hay algo interesante en este perfil de amistad. Podríamos preguntarnos: ¿Cómo podemos incluir un perfil de amistad que claramente no quiere amistad?

Déjame responderte con una interacción entre dos varones en una iglesia.

Riçardo: «¡Francisco, mi hermano, qué gusto verte!».
Francisco (con una sonrisa): «¡Varón! ¿Cómo estás?».
Ricardo (con alegría): «Bien, hermano, gracias a Dios. ¿y tú?».
Francisco (también contento): «Bien también. ¡Dios es bueno!».
Ricardo (con el mismo tono): Amén.
(Ambos hacen un gesto de despedida con la mano).

Esta interacción, con pocos cambios, se ha repetido semanalmente por varios años.

Francisco y Ricardo han servido juntos, han hecho deportes juntos, se consideran amigos y, por ende, se alegran al verse semanalmente; no obstante, no hay profundidad en su amistad. Este ejemplo es la experiencia común de amistad aislada que lamentablemente es común en las iglesias.

El compañerismo cristiano fácilmente puede tomar al menos dos formas de amistad aislada. En primer lugar, una actividad social cristiana, en la cual se comparten conversaciones superficiales en el vestíbulo de la iglesia entre hermanos corteses y educados. También puede darse en un grupo social ameno pero superficial que a los cristianos les gusta, ya que es mejor que los «amigotes» y el círculo social abiertamente mundano que tenían antes de conocer a Cristo. Es un grupo que no hace nada malo, pero no se caracteriza por intencionalidad relacional.

Jerry Bridges, en *La verdadera comunidad*, explica que «esos primeros cristianos del capítulo 2 de Hechos no estaban perseverando en actividades sociales sino en una relación; esa relación consistía en compartir juntos la vida misma de Dios a través del Espíritu Santo que mora en ellos».[56]

Ricardo y Francisco se necesitan el uno al otro y no lo saben. El Rey Cristo dio Su vida para que nuestras amistades sean más

---

[56] Jerry Bridges, *La verdadera comunidad: la práctica bíblica de la koinonía* (El Paso, TX: Editorial Mundo Hispano, 2013), p. 10.

profundas que saludos sinceros y cariñosos al iniciar el culto, seguidos de breves conversaciones al final, pero sin profundidad relacional.

Palabras para varones (dos conversaciones)

He estado esperando hasta este momento para hablar de este tema, y quiero contarles dos conversaciones cruciales como trasfondo de mi motivación para escribir este libro.

Primera conversación

Cuando era un nuevo creyente, recuerdo leer por primera vez el relato de la amistad de David y Jonatán (1 Sam. 18). Me pareció algo increíble. En ese entonces, como hoy, me atraía mucho la idea de equipos que trabajan juntos. Puede tratarse de un grupo de fuerzas especiales, un equipo de deportes o un grupo de enemigos que se convierten en amigos cercanos, que son como hermanos y trabajan codo a codo, dispuestos a morir el uno por el otro. Fue genial ver cómo mi nueva fe proveía un ejemplo tan increíble de ese tipo de amistad. En un mundo individualista, era claro que mi Padre celestial me había dado hermanos en la fe, amigos que velaban por mí, así como yo tenía el llamado de velar por ellos.

Me duele contar esto, pero mi entusiasmo fue rápidamente detenido cuando, al compartir con alguien en la iglesia lo que había leído, entre risas y en un tono especial, alguien dijo: «Un poco raro eso de David y Jonatán». Al principio, no lo entendí, pero con el tiempo, me doy cuenta de cómo ese comentario expone lo que muchas personas sienten. De forma trágica, en algunos contextos, la Iglesia no tiene una categoría para ver una amistad varonil como la de David y Jonatán sin considerar que tal cercanía seguramente tiene tintes homosexuales. Al ver esa amistad de esa forma, nos perdemos, en las palabras de Kent Hughes, un ejemplo y una «profunda amistad viril, una de las amistades más alabadas por toda la literatura universal».[57]

---

[57] Hughs, R., *Las disciplinas de un hombre piadoso*, p. 64.

Esta perspectiva tiene sentido si consideramos el temor que pueden tener algunos creyentes de ser percibidos en sus amistades como se percibe erróneamente a David y Jonatán. Holmes hace una útil observación cuando menciona que una amenaza a la amistad bíblica es lo que él llama «el cuco de la homofobia».[58] Explica:

> Muchos creyentes temen cualquier amistad cercana entre personas del mismo sexo, especialmente con alguien que lucha con la atracción al mismo sexo. Tal hipervigilancia ha tenido serias implicaciones para la formación de amistades sanas y cotidianas entre personas del mismo sexo. Los desafíos pueden ser mayores para los hombres que para las mujeres —ya que es más aceptable socialmente que las mujeres muestren afecto unas por otras—, pero esta dinámica nos afecta a todos.[59]

Amigo, deja que la Biblia, y no la cultura, sea tu estándar a la hora de pensar en amistades. Busca amistades profundas.

Segunda conversación

Algo que motivó la escritura de este libro fue ver la gracia de Dios al darme amigos muy queridos; desde amigos de años, amigos nuevos, amigos en otras ciudades, y todo tipo de amigos muy amados con los que hemos compartido momentos hermosos y difíciles. Dios ha sido tan bueno que uno de mis mejores amigos incluso se convirtió en mi cuñado. Como mencioné, mi deseo al escribir este libro es, en primer lugar, que yo crezca en ser un mejor amigo, pero también que Dios use este libro para que más personas experimenten y ayuden a otros a experimentar la bendición de tener buenos amigos.

Temprano en el proceso de escribir, cuando le hablé de mi idea a alguien, esta persona me miró confundida y dejó en claro que, en realidad, estaba escribiendo un libro para mujeres. En otras palabras,

---

[58] Holmes, Jonathan, *The Company We Keep: In Search of Biblical Friendship*, p. 86.
[59] Holmes, *The Company We Keep*, p. 87.

dijo que las mujeres son las interesadas en amistades profundas, no los hombres. Muchos tienen este mismo sentir. Hughes cita estudios de 1985 que reportan que:

> Decir que los hombres no tienen amigos íntimos puede sonar muy duro [...]. Pero los datos indican que esto no está alejado de la realidad. Aun los amigos más íntimos (que son pocos) rara vez se aproximan a la profundidad de intimidad que una mujer tiene por lo general con otras mujeres [...]. Los hombres no aprecian la amistad.[60]

Esto es corroborado por un estudio reciente de la Universidad de Fordham, de donde nacen artículos con títulos como *Por qué la mayoría de los hombres no tienen suficientes amistades* (2022), o *Una investigación muestra por qué la amistad entre hombres es difícil y compleja* (2022).

Reitero lo que dije anteriormente. Amigo, deja que la Biblia sea tu estándar, y no la cultura, al pensar en las amistades. Busca amistades profundas. Permíteme darte solo dos motivos por los que estas amistades no son opcionales entre varones.

1. **El ejemplo de Cristo.** En contraste con la perspectiva de que un hombre varonil es aquel que puede con todo solo y, por lo tanto, no necesita amigos, recuerda que el hombre más varonil de la historia de la humanidad, Jesús, tuvo amigos cercanos. Amigos por los cuales lloró. El varón perfecto, la segunda Persona de la Trinidad, quien cambió el agua en vino, dio de comer a miles, curó enfermedades e hizo todo tipo de milagros, vivió una vida perfecta y hasta venció la muerte... tenía amigos. Si Cristo tuvo amigos, tú y yo necesitamos nutrir amistades profundas.

2. **El crecimiento espiritual.** Es interesante que, en la historia de la Iglesia, la amistad se haya considerado una disciplina

---

[60] Hughs, *Las disciplinas de un hombre piadoso*, p. 62.

espiritual. No podemos vivir esta vida espiritual solos. Necesitamos de otros para crecer, para servir y para continuar en nuestra santificación a la imagen del amigo perfecto, Jesús (Col. 1:28-29). Estimado hermano, si tomas en serio tu relación con Cristo y tu crecimiento espiritual, la amistad no es algo opcional.

LA AMISTAD COMPLICADA

Este es un perfil ecléctico de multiuso que incluye varias categorías donde los deseos desordenados complican las amistades. Incluye:

La amistad después de la caída

Recordemos que, después de la caída, las amistades son difíciles y es imposible tener una relación perfecta. Ya sea por malentendidos, problemas de comunicación, el pecado de ambas partes, la mudanza de alguno a un lugar lejano, enfermedades, casamientos, la llegada de los hijos, cambios en las actividades, etc., las amistades cambian. Un deseo de una amistad inmutable, perfecta (a veces basada en el intento de controlar las cosas) y sin problemas nos lleva a ser malos amigos y a desconfiar de Dios y Su soberanía.

La amistad bipolar

Esta es la amistad de los altibajos. Una o dos personas en la amistad son inconsistentes en sus deseos, lo cual trae tensión y confusión. Por ejemplo, un día estás con un amigo y tienes conversaciones profundas y cercanas. La siguiente vez, la misma persona se aleja y busca aislarse. Este perfil relacional es complejo, ya que puede tener raíces en varias cosas, por ejemplo, introspección mórbida, autoprotección, control y patrones de comportamiento por situaciones difíciles en el pasado.

La amistad de emergencia

Esta es la amistad que solo ocurre cuando una de las dos partes está en una situación difícil y busca a la otra para pedir ayuda, desahogarse o suplir una necesidad. Hay muchos deseos que pueden animar a esta relación. Por un lado, un deseo egoísta, que considera que las relaciones son unilaterales y para el beneficio de una sola persona. La otra persona puede sentirse necesitada y permitir esa conducta egoísta, porque la hace sentirse importante y útil. Por otro lado, también puede suceder que la persona que quiere sentirse necesitada ayude al otro, con la esperanza de que esto termine probando su confiabilidad y la relación cambie a ser bilateral.

La amistad que compara o que añora

Esta es la amistad que se puede identificar con la frase: «El césped del vecino siempre parece más verde». Al amigo que añora le cuesta contentarse con lo que tiene, y constantemente piensa que es la única persona que está luchando con situaciones relacionales. Tiende a idolatrar otros perfiles de amistad, ignorando muchas veces las dificultades y las realidades de cada perfil. Por ejemplo, quieren tener la cercanía de la amistad revuelta, pero ignorar a la persona que tienen adelante; miran la amistad frustrada, pero minimizan la frustración diciendo: «Si tan solo encontrara una persona tan opuesta que me equilibre»; miran la amistad complicada y la creen emocionante con sus altos y bajos.

Esta amistad tiene una segunda manifestación. Juan vivió en otro país durante un tiempo crucial en su vida adulta. En este otro contexto, encontró amistades profundas y cristocéntricas que lo moldearon en gran manera. Al volver a casa, esas amistades se convirtieron en el estándar, y en vez de amar y disfrutar de las personas y la comunidad que Dios le otorgó, su deseo se convirtió inconscientemente en comparar y buscar que su nueva comunidad se pareciera a la que tenía antes.

Conclusión

Entonces, ¿qué es lo que Juan, Ana, Sofía, Francisco, el resto de ejemplos, tú y yo buscamos en una amistad?

En este capítulo hemos visto varios perfiles de amistades en relación con deseos comunes. Estoy seguro de que hay otros perfiles que podrían añadirse a este capítulo y no pretendo haberlo dicho todo. Ya que los deseos y la adoración del corazón humano son varios, mi objetivo es que este capítulo nos ayude a identificar posibles deseos que moldean nuestras amistades para poder desenmascararlos y anclarlos en Aquel que no nos fallará. Al hacerlo, no solo ponemos el fundamento correcto para nutrir amistades fuertes, sino que, de forma más importante, nos acercamos a recuperar el objetivo y la belleza de las amistades como Dios las estableció.

Las amistades bíblicas entienden la centralidad del corazón y sus deseos para nutrir amistades piadosas y gratificantes. Son relaciones donde aprendemos, en las palabras de Ed Welch en su magnífico libro *Cuando la gente es grande y Dios es pequeño*, que debemos amar más a las personas y necesitarlas menos. Welch dice:

> Con respecto a los demás, nuestro problema es que los necesitamos (para nosotros mismos) más de lo que los amamos (para la gloria de Dios). La tarea que Dios establece para nosotros es que los necesitemos menos y los amemos más. En vez de buscar maneras de manipular a los demás, debemos preguntarle a Dios cuál es nuestro deber hacia ellos.[61]

Amados, tengo algo que confesar. Yo soy el Juan de la sección anterior. Después de vivir por más de una década en otro país, no me di cuenta de cómo mi experiencia influenciaba mis deseos y cómo mis deseos moldeaban mi manera de ver mis amistades. Tú también estás entrando a relaciones con expectativas del corazón que, si se dejan a la deriva, tienen el potencial de estropearlo todo y robarte aquello mismo que estás buscando.

---

[61] Welch, *A Small Book about Why We Hide*, p. 18.

9

LOS ESTRATOS DE LA AMISTAD

¿Qué es un amigo? Una sola alma que habita en dos cuerpos.
—Aristóteles[62]

Felipe es una persona abierta que fácilmente hace amigos. Fue parte de la plantación de una iglesia que, por la gracia de Dios, ha crecido. Al principio, Felipe conocía a cada persona de la iglesia, pero con el crecimiento, las dinámicas relacionales han cambiado. Su grupo de amigos está cambiando y, por más que quiere, es imposible interactuar con cada persona con la profundidad que le gustaría. Siente que hay demasiadas personas como para llegar a conocerlas de verdad, y a su vez, le parece que, al tratar de conocer a nuevas personas, no puede dedicarles tiempo a los que tiene más cerca. Está luchando entre la culpa y el cansancio. He conocido a muchos como Felipe (y me he sentido como él). ¿Qué hago?

En este capítulo vamos a revisar los estratos de las amistades. *Estrato* se refiere a las capas que se superponen unas con otras y conforman la estructura de algo. Se habla de estratos sociales, estratos de suelos, estratos de nubes, estratos de la piel y otros. Nuestro interés es revisar los estratos que conforman una amistad desde una perspectiva bíblica, con el objetivo de tener una mejor compresión de las relaciones de amistad en una comunidad cristiana.

---

[62] https://www.cambridge.org/core/books/abs/distributed-cognition-in-classical-antiquity/one-soul-in-two-bodies-distributed-cognition-and-ancient-greek-friendship/FE103BF292014D3211B7698D8FB23992

JESÚS Y SUS RELACIONES

Si observamos a nuestro Señor Jesucristo en Su ministerio terrenal, veremos que tenía varios círculos de interacción. En cada círculo, mostró de manera perfecta cómo amar a Dios y al prójimo, pero se relacionó de maneras distintas con cada uno.

Jesús y las multitudes

«Y viendo las multitudes, tuvo compasión de ellas, porque estaban angustiadas y abatidas como ovejas que no tienen pastor» (Mat. 9:36).

En varias ocasiones, Jesús interactuó con multitudes. Por ejemplo, grandes multitudes lo seguían (Mat. 4:25), escuchaban Sus enseñanzas (Mat. 7:28), veían Sus milagros y se maravillaban (Mat. 9:8, 33). La palabra que se traduce como «multitud», se traduce también como «muchedumbre», «pueblo», «gentío» o «grupo», y aparece más de cien veces en los Evangelios.

Esta palabra es interesante, ya que denota tanto grupos que podían llenar una casa (Mat. 9:23; Luc. 5:29), como grupos que lo obligaron a subirse a una barca o que podían llegar a miles de personas, como en el Sermón del Monte (Mat. 4:25; 5:1).

Jesús, los setenta y los doce

Después de mostrar a Jesús interactuando con las multitudes, la Escritura registra también que Jesús interactuó con un grupo de setenta personas y uno de doce.

Lucas habla de un grupo de setenta discípulos que Él comisionó para que fueran de dos en dos a toda ciudad y lugar donde Él había de ir. Lucas 10:1 dice: «Después de esto, el Señor designó a otros setenta, y los envió de dos en dos delante de Él, a toda ciudad y lugar adonde Él había de ir». Es interesante que, incluso en este pasaje, Jesús no los envía de llaneros solitarios, sino en grupos de dos.

Además, Lucas 6:12-16 y textos paralelos mencionan a los doce discípulos que Jesús escogió, llamó y a quienes dio el nombre de apóstoles. Este grupo de amigos cercanos dejaron todo para seguir a Jesús. Además, este es un grupo importante para nuestros propósitos, ya que vemos una intencionalidad especial en cuanto a que, en contraste con los setenta...

- son mencionados por nombre en Mateo 10:2-4; Marcos 3:13-19 y Lucas 6:12-16;
- los Evangelios Sinópticos se refieren a este grupo con el nombre de «los doce» (Mat. 26:14; Mar. 4:10; 6:7; 9:35; 14:10; Luc. 8:1; 9:1; 18:31);
- aparecen en menciones en otros lugares del Nuevo Testamento (Juan 6:67-71; 20:24; Hech. 1:13, 15-26; 6:2; 1 Cor. 15:5);
- incluso tienen un rol en un futuro escatológico (Apoc. 21:14).[63]

Jesús y círculos más cercanos

En cuanto a los círculos de Jesús, encontramos textos como Lucas 5:4-11, 8:49-56, donde se menciona por nombre a tres individuos que componían un grupo aún más cercano e íntimo. Estos son Simón, y los hijos de Zebedeo o «hijos del trueno», Jacobo y Juan. En este círculo no solo se los menciona por nombre, sino que son las personas a las que Jesús les permite ingresar con Él a resucitar a la hija de Jairo (8:51), y tienen la oportunidad de acompañarlo durante Su transfiguración (Luc. 9:28-36). Finalmente, se considera que tuvieron un rol especial en Getsemaní antes de que Jesús fuera entregado (Mat. 26:34-35).

Incluso dentro de este grupo, la Escritura incluye descripciones de una cercanía especial con Juan. Juan 13:23 caracteriza a este discípulo como «el *que Jesús amaba*», y Juan 19:26-27 muestra un cuidado especial al relatar que «cuando Jesús vio a Su madre, y al

---

[63] Toan Do, *«Twelve, the»*, ed. John D. Barry et al., *The Lexham Bible Dictionary* (Bellingham, WA: Lexham Press, 2016).

discípulo a quien Él amaba que estaba allí cerca, dijo a Su madre: "¡Mujer, ahí está tu hijo!". Después dijo al discípulo: "¡Ahí está tu madre!". Y desde aquella hora el discípulo la recibió en su propia casa».

Otro caso de cercanía se puede encontrar en la relación y el cuidado especial para con María, Marta y en especial Lázaro, a quien Cristo amaba (Juan 11:3, 36), personas que llevaron a Jesús a conmoverse profundamente (Juan 11:33) y a llorar (11:35).

LOS ESTRATOS EN UNA AMISTAD CRISTIANA

De manera similar, no toda la comunidad cristiana tiene la misma cercanía o el mismo nivel de amistad. Basado en lo que hemos visto hasta ahora, sugiero los siguientes estratos en una comunidad cristiana. Estos se ven mediante el uso de círculos concéntricos que crecen en profundidad relacional a medida que se acercan al medio. Varios autores han usado diferentes versiones de este gráfico. Bridges incluye cuatro círculos[64], desde la parte de afuera, con actividades en grupo, comunión con unos cuantos, amigos de corazón y «usted» en el centro. Beeke y Haykin, en su «círculo de amistades»,[65] incluyen también cuatro niveles: extraños, conocidos, aliados, compañeros confidentes. Mi gráfico considera la cercanía relacional de Beeke y Haykin, pero se enfoca, como Bridges, en el contexto de las amistades espirituales. Por eso se invierte más espacio en el primer círculo, ya que da la base para el resto. Los tres círculos son comunidad cristiana, amigos cercanos y amigos íntimos.

---

[64] Bridges, *La verdadera comunidad: la práctica bíblica de la koinonía,* p. 151.

[65] Beeke, Joel R.; Haykin, Michael A. G., *How Should We Develop Biblical Friendship?: Cultivating Biblical Godliness Series* (Grand Rapids, MI: Reformation Heritage Books, 2022), edición para Kindle, ubic. 255 de 597.

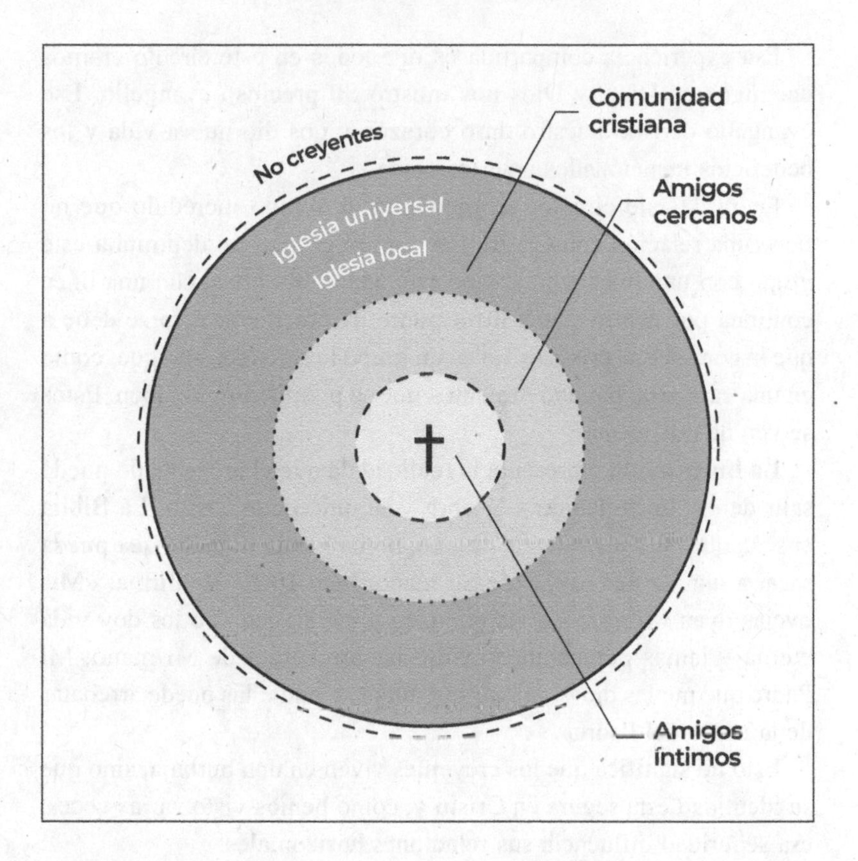

1. Comunidad cristiana

Este es el círculo más grande que se encuentra en la parte externa del gráfico y representa el grupo de individuos que, en la gracia de Dios y mediante el arrepentimiento y la fe, han sido llamados hijos de Dios (1 Jn. 3:1), han pasado de muerte a vida (Juan 5:24; 1 Jn. 3:14), sus pecados han sido perdonados (2 Cor. 5:19; Col. 2:13; 1 Jn. 2:12), han nacido de nuevo (Juan 3:5; 1 Ped. 1:3), han sido bautizados en Cristo (Rom. 6:1-4; 1 Cor. 12:13; Gál. 3:27; Col. 2:11-12) y ahora son amigos de Cristo (Juan 15:14-15; Sant. 2:23).

Debido a esta nueva identidad de estar unidos a Cristo, ahora son parte del compañerismo cristiano, lo que llamamos *koinonia* y que en su sentido original tiene la idea de una experiencia compartida.

Esa experiencia compartida es que todos en este círculo éramos enemigos de Dios, y Dios nos mostró Su precioso evangelio. Ese evangelio derritió nuestro duro corazón y nos dio nueva vida y los beneficios mencionados anteriormente.

Fuera de este círculo, se encuentra el mundo incrédulo que no tiene una relación con Cristo. Por eso, el gráfico no delimita a este grupo con una línea solida, sino con una doble línea, con una línea continua por dentro y una línea punteada por fuera. Esto se debe a que la comunidad cristiana no es un grupo hermético, sino que, como en una carretera, hay movimientos que se permiten o prohíben. Estos se ven de dos formas.

La línea solida representa la realidad de que el creyente no puede salir de esa línea debido a la obra y su unión con Cristo. La Biblia enseña que, si Dios salva a alguien, no hay nada ni nadie que pueda sacar a una de Sus ovejas de Su mano. Juan 10:27-29 afirma: «Mis ovejas oyen Mi voz; Yo las conozco y me siguen. Yo les doy vida eterna y jamás perecerán, y nadie las arrebatará de Mi mano. Mi Padre que me las dio es mayor que todos, y nadie las puede arrebatar de la mano del Padre».

Esto no significa que los creyentes vivan en una burbuja, sino que su identidad está segura en Cristo y, como hemos visto varias veces, esa seguridad influencia sus relaciones horizontales.

La línea cortada muestra que la comunidad cristiana saludable tiene una pasión por ver que otros conozcan al Amigo perfecto y entren al compañerismo cristiano. Esta es una característica única de la amistad cristiana. El cristiano entiende que la salvación es un llamado a morir a uno mismo y vivir para Cristo. Con eso en mente, mi filtro relacional y de amistades no se enfoca en qué puedo sacar de esta relación, sino en cómo esta relación glorifica a Cristo (Rom. 14:7-9; 2 Cor. 5:15; Gál. 2:20; Fil. 1:21; Col. 3:17).

Al hablar de la amistad, surge la tentación de pensar en seguridad más que en fidelidad. Se genera una falsa dicotomía, porque respondemos a la tentación de buscar un grupo cerrado de amigos, en vez de ser fieles en compartir el evangelio y que otros conozcan de Jesús. Como creyentes, no queremos que la comunidad cristiana sea un monumento de conocidos, sino un movimiento de amigos a los cuales nos emociona y nos motiva ver que otros lleguen al Amigo perfecto.

¿Cómo se ve?

En primer lugar, este compañerismo es invisible en lo que la Biblia llama la iglesia universal. Este grupo en primer lugar incluye el compañerismo que tenemos con cualquier creyente en el mundo. Algo que me impresiona y me encanta es conocer a creyentes de otros países y observar cómo nuestra experiencia compartida en Cristo automáticamente nos hace familia y nos da algo en común. El ecuatoriano se sienta a lado del venezolano, o nigeriano, o chino o lo que sea, y comparte algo increíble que es más fuerte que la realidad que tenemos, las culturas, los idiomas o los gustos distintos. ¡Todos éramos grandes pecadores, pero hemos sido redimidos y comprados para no vivir más para nosotros sino para Él! ¡Gloria a Dios! Eso nos une y nos da un compañerismo importante.

Ahora, dentro de este círculo más grande, mientras nos aproximamos al centro, hay más compañerismo y cercanía. Considero que este círculo de amigos íntimos puede estar primordialmente (no dije que de forma exclusiva) constituido por tu iglesia local. Esto se debe a que la Biblia nos da claras indicaciones de cómo tratarnos unos a otros (algo que mencionaré en el próximo capítulo), y si esto se hace correctamente, resulta en verdadera intimidad.

Déjame ilustrar este ejemplo con la historia de Gloria. Ella es una querida amiga que comenzó a sentirse desconectada de su iglesia local y de las amistades que tenía allí. Debido a situaciones externas e internas (problemas de salud, cambios en el trabajo y decisiones imprudentes), su asistencia era bastante irregular. Al volver a tomar el ritmo, expresó que se sintió reemplazada y como una extraña en un lugar tan familiar y acogedor.

La experiencia de Gloria no es extraña, sino común. Aunque hay gente que la ama y que buscó imperfectamente servir a Gloria, que ella no asistiera con constancia la cortó de la *vida juntos* que Dios usa para unir a Su pueblo. Personas que antes eran cercanas a Gloria ahora se sentían más cercanas a otras, ya que habían estado sentadas juntas escuchando la exposición de la Palabra y viendo cómo el Espíritu Santo obraba en sus vidas. Gloria se perdió de eso pese a que fue fiel en leer su Biblia y ver sermones en línea. Además, las personas crecieron en intimidad bíblica mientras oraban, servían y veían a Dios obrar (en algunos casos, ni siquiera en el mismo ministerio). Gloria se perdió de esto también y esto contribuyó a su sentir. Finalmente, cuando las personas buscan vivir en comunidad, Cristo las une. Dicho de otra manera, a medida que nos hacemos más como Cristo, Cristo nos hace amigos más cercanos.

2. Amigos cercanos

Dentro del círculo del compañerismo cristiano encontramos otro círculo interior, representado por una línea punteada simple. Este es un grupo más pequeño de personas con las que tenemos más cercanía y compartimos un nivel relacional más profundo. Esta profundidad se ve en que este grupo nos conoce más mientras crecemos en el conocimiento de Cristo. Hagamos algunas observaciones.

En primer lugar, noten que es una línea punteada simple. Esto se debe a que, pese a que este es un grupo más específico de personas, tampoco es un grupo totalmente cerrado. En la providencia de Dios, ocurren cosas que hacen que este grupo varíe.

En segundo lugar, y de manera similar al grupo anterior, mientras más cerca estemos del centro, este grupo de amigos más cercanos va a variar en intimidad relacional. Para usar la terminología de Beeke y Haykin, los amigos cercanos pueden tener la cercanía de un aliado (persona con las que sientes confianza) o de un camarada (persona con la que sientes confianza y compartes aspectos de tu vida). El punto más importante es notar que dentro de la comunidad cristiana, por varios motivos, vamos a tener personas más cercanas que otras.

Amigos cercanos en la iglesia local

Si eres pastor o líder en un ministerio, quiero hacerte una pregunta. ¿Hay espacios en tu ministerio que ayudan a los que Dios te ha encomendado a tener este tipo de compañerismo y amistad?

Quiero sugerir que este es uno de los grupos más importantes en la salud relacional de una iglesia local. He visitado iglesias cuyo púlpito es admirable, sus miembros son personas que aman la buena doctrina, leen los libros correctos, siguen a ministerios fieles; pero no hay salud relacional entre ellos. Se considera erróneamente que si tienes buena predicación, el resto va por sentado. Quizás esto te asuste y sientas la necesidad de responder. Quiero dejar en claro que soy un fiel creyente en la importancia de la predicación y su centralidad para la salud de una iglesia. Considero que, como va el pulpito, así también va la iglesia. Timoteo dice que la Iglesia es columna y baluarte de la verdad (1 Tim. 3:15), por consiguiente, si no hay predicación bíblica, no hay Iglesia.

Al mismo tiempo, Santiago dice que no seamos solo oidores de la Palabra, sino hacedores (Sant. 1:22). Jesús dijo que no era suficiente escuchar Sus palabras sin ponerlas en práctica (Mat. 7:24). Finalmente, en la Gran Comisión, Jesucristo no dice: «Enseñándoles todo lo que les he mandado», sino «enseñándoles a *guardar* todo lo que les he mandado» (Mat. 28:20). La comunidad cristiana y las amistades piadosas cercanas son una herramienta crucial en este proceso.

Los amigos nos estimulan en nuestra vida espiritual (Heb. 10:24-25). Son personas que se esfuerzan para que Cristo sea formado en nosotros (Gál. 4:19). Los espacios que nutren amistades cercanas en iglesias son críticos para la salud de un cuerpo local. En mi amada e imperfecta iglesia local, hemos tratado de no llamar a nuestras reuniones semanales en casas *células,* sino *comunidades*. Hacemos esto ya que queremos subrayar el objetivo y la importancia de esa reunión semanal a la hora de ayudarnos como iglesia a tener, en las palabras de Bonhoeffer, una vida en comunidad.

Sea que los llames células, grupos de vida, grupos de crecimiento, o como quieras llamarlos, busca proveer o ser parte de espacios en la vida del cuerpo que apoyan la formación de relaciones profundas sin comprometer la fidelidad bíblica. En Hechos 20:20, Pablo nos da un ejemplo de cómo deberíamos enfocarnos como iglesias. Al hablar de su ministerio en Éfeso, declara: «Bien saben cómo no rehuí declararles a ustedes nada que fuera útil, y de enseñarles públicamente y de casa en casa». ¿Escucharon eso? Pablo muestra su ministerio fiel del evangelio tanto «públicamente» (las iglesias deben predicar con fidelidad, y yo sugiero de manera expositiva), como «de casa en casa» (las iglesias deben fomentar reuniones de *amigos cercanos* con el propósito de practicar parecerse al Amigo perfecto).

En conclusión, identifica y nutre esas amistades cercanas. Entra a grupos de *compañerismo* con esta idea en mente. En la providencia de Dios, las amistades cercanas son, más que una ciencia, un arte: el arte que Dios usa para cincelar la imagen del Amigo perfecto, Cristo, en Su pueblo.

Por último, tenemos el círculo más cercano de intimidad.

3. Amigos íntimos, confidentes

Este es un nivel de cercanía como el que observamos entre Jonatán y David, o entre Pablo y Timoteo. En Filipenses 2:19-20, Pablo escribe, «Pero espero en el Señor Jesús enviarles pronto a Timoteo, a fin de que yo también sea alentado al saber de la condición de ustedes. Pues a nadie más tengo del mismo sentir y que esté sinceramente interesado en el bienestar de ustedes».

La frase «mismo sentir» se puede traducir literalmente como «tener el mismo ánimo o mente». Un léxico importante traduce la frase como «de misma alma» y menciona el Salmo 55:13, que dice «sino tú, que eres mi igual, mi compañero, mi íntimo amigo».[66] Timoteo es tan cercano a Pablo que literalmente tiene la misma alma.

[66] William Arndt et al., *A Greek-English lexicon of the New Testament and other early Christian literature* (Chicago: University of Chicago Press, 2000), 481.

Aristóteles dijo: «¿Qué es un amigo? Una sola alma que habita en dos cuerpos».[67]

Podemos escuchar la esperanza de recobrar lo que se perdió en el jardín. Otra persona que nos entiende, con la que no tenemos que ponernos máscaras. Como decimos en Ecuador: «Te cachan». En la bondad de Dios, son las personas con las que puedes compartir tus sueños, tus aspiraciones, tus temores y los deseos más profundos de tu ser.

Vale clarificar que, para los casados, tu cónyuge debe estar al principio de esta lista. También es necesario notar que este es un grupo muy pequeño, ya que es difícil y lleva tiempo llegar a este nivel. En su libro sobre las amistades, Joel Beeke y Michael Haykin comentan: «Deberíamos estar agradecidos de tener un amigo así, y considerarnos muy bendecidos si tenemos de tres a cinco amigos así en la vida».[68]

Implicaciones de los estratos de la amistad bíblica

A continuación, veremos nueve implicaciones de los estratos de la amistad bíblica. El gráfico de la página 113:

1. No apoya la idea de que un creyente no puede ser amigo de no creyentes. Muchos de nosotros tenemos amigos no creyentes muy queridos y cercanos. Se sabe que Cristo fue amigo de pecadores; es por eso que Bonhoeffer escribe:

    > Contrariamente a lo que podría parecer a primera vista, no se deduce que el cristiano tenga que vivir necesariamente entre otros cristianos. El mismo Jesucristo vivió en medio de Sus enemigos y, al final, fue abandonado por todos Sus discípulos. Se encontró en la cruz solo, rodeado de malhechores y blasfemos. Había venido para traer la paz a los

[67] Aristóteles, citado en *Saint Augustine, Bishop of Hippo. The Confessions* (Oxford World's Classics). Edición para Kindle, p. 59.

[68] Beeke y Haykin, *How Should We Develop Biblical Friendship?*, ubic. 266.

> enemigos de Dios. Por esta razón, el lugar de la vida del cristiano no es la soledad del claustro, sino el campamento mismo del enemigo.[69]

El punto principal es que, debido a lo que Cristo hizo en nuestros corazones, mi amigo no creyente y yo tenemos establecido nuestro GPS a objetivos y deseos diametralmente opuestos.

2. Nos ayuda a meditar y celebrar a Cristo por lo que Él ha hecho al crear una comunidad, además de recordarnos lo sublime de la comunidad cristiana. Una vez más, en las palabras de Bonhoeffer:

> La fraternidad (comunidad) cristiana no es un ideal a realizar sino una realidad creada por Dios en Cristo, de la que Él nos permite participar. En la medida en que aprendamos a reconocer que Jesucristo es verdaderamente el fundamento, el motor y la promesa de nuestra comunidad, en esa misma medida aprenderemos a pensar en ella, a orar y esperar por ella, con serenidad.[70]

3. Nos recuerda que la comunidad cristiana no solo nos ayuda a valorar lo que pasó en la cruz, sino a ver nuestro rol en dicha comunidad. Por ejemplo, una perspectiva bíblica de las amistades considera las disciplinas espirituales no meramente como herramientas que te ayudan a fomentar tu relación con Dios, sino como oportunidades que Dios usa para sostener ese ecosistema relacional que nutre el crecimiento de unos a otros.

4. Nos ayuda a explicar por qué podemos sentirnos tan solos pese a estar tan acompañados dentro de las iglesias. Esta fue la experiencia de la familia de José y Pepa.

José y Pepa conforman una familia trabajadora con hijos adolescentes que tuvieron la oportunidad de irse a los EE. UU. a trabajar.

---

[69] Dietrich Bonhoeffer, *Vida en comunidad* (Salamanca, España: Ediciones Sígueme S. A., 2019), p. 9.
[70] Bonhoeffer, *Vida en comunidad,* p. 25.

Hace pocos años, descubrieron la sana doctrina y sufrieron mucho al no encontrar una buena iglesia. Al viajar, priorizaron buscar una comunidad de fe y, para su gozo, encontraron una iglesia que cumplía todos los criterios que habían establecido: un pastor graduado de un buen seminario, predicación expositiva, buena doctrina, membresía, entendimiento de la conversión, la gloria de Dios, etc.

Empezaron a asistir fielmente a la iglesia, pero pasaron meses y años, y algo estaba mal. Pese a que concordaban doctrinalmente, iban a todos los eventos y experimentaban la amabilidad de las personas, se sentían solos.

No hace falta que te vayas a otro país para experimentar eso. Debido a que nuestro lazo en Cristo es tan fuerte, es fácil pensar que la profundidad en la comunidad es algo que ocurre automáticamente, pero no. No es así, amados. No lo es. Podemos tener una iglesia llena de personas que aman las mismas cosas buenas, pero que no se aman prácticamente las unas a las otras. Juan, incluso, nos advierte que una falta de amor por los hermanos puede mostrar que en realidad no conocemos al Señor (1 Jn. 2:9-11; 3:14-16).

5. Nos alerta a tener cuidado de quedarnos nada más en relaciones superficiales, incluso dentro de la iglesia. Como creyentes, debemos ir más allá de las amistades aisladas, y eso lleva esfuerzo y no es fácil. En el clima social y religioso en el que vivimos, implica nadar contracorriente.

6. Nos anima a pensar que, mientras honramos a nuestra familia, está bien tener cercanía relacional con personas fuera de tu círculo familiar. Proverbios 18:24 dice: «El hombre de muchos amigos se arruina, pero hay amigo más unido que un hermano».

En Latinoamérica valoramos la familia, y eso es bueno. Lo que está mal es que he escuchado muchas veces referencias a la familia como «lo más importante», junto con la salud. Es por eso que decir que tienes un amigo más cercano que tu círculo familiar es algo pesado que se puede ver mal. Hay personas que se cortan de relaciones piadosas y útiles espiritualmente porque se considera que todo nivel más profundo está separado únicamente para nuestra familia.

Hay personas en tu familia que deben ser parte de esos niveles más íntimos (tu cónyuge, por ejemplo). Sin embargo, considera cómo estás nutriendo relaciones de amistad piadosa fuera de tu familia. En muchos casos, esas amistades te van a ayudar a ser un mejor miembro en tu familia.

7. Nos anima a abrazar nuestra finitud. Si Cristo no pudo ser amigo con todos al mismo nivel, tú y yo tampoco lo vamos a lograr. Para repetir Proverbios 18:24: «El hombre de muchos amigos se arruina». En esta área, mi esposa y yo somos muy distintos, y tenemos una longitud de onda relacional distinta. Es bueno conocerse a uno mismo para que, con libertad y fe, busquemos ser amorosos con todos, al ser buenos mayordomos de los distintos niveles relacionales que tenemos.

8. Nos informa sobre cómo crecer en sabiduría, al saber los lugares apropiados para compartir y hasta dónde abrirnos. De la misma manera en que hay personas a las cuales les cuesta compartir y se aíslan, lo opuesto también es verdad. Hay quienes comparten demasiado en contextos donde no es apropiado, y atacan así la comunidad. Ya que vivimos en tiempos donde ser «auténtico» es lo más importante, es fácil que la autenticidad y ser «abierto» se conviertan en un ídolo.

   Una amistad bíblica es aquella en la que el objetivo es la piedad, no la autenticidad. Solo Dios conoce los corazones, pero a veces, esta autenticidad sin filtros se convierte en una manera de buscar atención, control o la justicia propia. Como los fariseos que ensanchaban sus filacterias y alargaban los flecos de sus mantos, hay personas que alardean de su autenticidad «para ser vistos por los hombres» (Mat. 23:5), mientras que la comunidad termina haciendo la labor de limpiar el desastre.

9. Nos ancla en nuestro objetivo como Iglesia. La Iglesia moldeada por el evangelio somete sus amistades y su comodidad relacional en fe para enviar, y no acaparar. A veces, eso significa enviar a los más cercanos y amados para que otros conozcan de Cristo.

Seré sincero, esto ha sido algo con lo que mi esposa y yo estamos luchado últimamente. Hemos visto a personas entrar a nuestro hogar, sentarse y compartir bíblicamente en la sala, conversar alrededor de la mesa y convertirse en amigos muy amados. Meses o años después, es agridulce ver cómo Dios los lleva a otro lugar para expandir Su reino.

No voy a mentir, pero esas despedidas son duras. Todo lo que hay en mí quiere que se queden cerca, mientras que lo más profundo de mi ser también se emociona por lo que Dios está haciendo y hará con ellos. Le pido a Dios que ambos deseos y sentimientos nunca cambien: dolor y emoción juntos, como cuando una madre da a luz. En esos momentos, recordar que la amistad con Cristo nos promete una eternidad con nuestros amigos más cercanos es lo único que nos permitirá ser personas que enviamos con pasión, pese a que eso nos cueste en nuestras relaciones.

10

LOS INGREDIENTES DE LA AMISTAD

La verdadera amistad se enciende primero con una chispa del cielo, y el cielo nunca permitirá que se apague, sino que arderá por toda la eternidad.
—Esther Edwards Burr[71]

Las amistades requieren sabiduría, y el libro de Proverbios habla mucho de las amistades. En ese texto, encontramos perlas de valor que nos ayudan a desarrollar las habilidades y herramientas para para que podamos navegar las complejidades de las amistades en un mundo caído.[72] El pastor Tim Keller distingue cuatro características de una amistad sabia: constancia, franqueza, cuidado y consejo. Estos puntos son muy útiles. Ahora, quiero editar esa lista y unirla con lo que vemos en Juan 15 y otras porciones de la Escritura, para proveer una lista de ocho prioridades o ingredientes al pensar en nuestras amistades.

1. OBEDIENCIA (V. 14)

Al pensar en crecer en una amistad, sería fácil poner nuestros ojos en la persona con la cual queremos ser buenos amigos. Eso es un error, ya que quitaríamos nuestros ojos de Cristo.

---

[71] Citado y editado por Haykin y Beeke, *How Should We Develop Biblical Friendship,* ubic 127 de 597. Originalmente, *The Journal of Esther Edwards Burr*, 1754–1757, (Nueva York, NY: Yale University Press, 1984), 92.

[72] Josué Pineda Dale, *En ti confiaré* (Sebring, FL: Editorial Bautista Independiente, 2021). Capítulo: Proverbios, por Juan Moncayo.

Recordemos Juan 15:14. Observemos que el texto dice que hay una condición para ser amigo de Cristo. «Ustedes son Mis amigos si hacen lo que Yo les mando» (Juan 15:14). Obviamente, esto no es un evangelio por obras. Como dice D. A. Carson: «Esta obediencia no es lo que los transforma en amigos; es lo que caracteriza a sus amigos».[73]

Una característica de un amigo de Jesús es un compromiso por obedecerlo. El punto es que no podemos buscar crecer en intimidad y profundidad con nuestros amigos a nivel horizontal, si lo hacemos a costa de lo que nos caracteriza como amigos de Cristo. Hacerlo nos desconecta de un entendimiento bíblico de la amistad.

Una tentación común al buscar intimidad en las amistades es estirar los límites de lo que Dios dice, o poner en pausa mi obediencia para ser un buen amigo de alguien. De forma trágica, lo que muchas veces ocurre es que lo que motiva la búsqueda de esa amistad horizontal es una falta de amistad vertical. Sea por el temor al hombre, el temor a estar solo, o algo más, olvidamos que el principio de la sabiduría es el temor a Dios (Prov. 9:10).

Si para mantener o ganar una amistad es necesario que hagas cosas en contra de lo que Dios claramente enseña, esa amistad ya tiene un error fatal. Es un caballo de Troya que, con el tiempo, lo va a destruir todo.

2. TRANSPARENCIA (V. 15)

Considero que Juan 15:15 es uno de los versículos más profundos y más descuidados al hablar de las amistades.

En la antigüedad, la idea de la amistad estaba vinculada a patrones que suplían las necesidades de clientes. Para los romanos, un amigo era comúnmente un aliado político que, después de hacer un favor, se convertía en cierto sentido en un siervo.

Es con este trasfondo que Cristo dice: «Ya no los llamo siervos, porque el siervo no sabe lo que hace su señor» (Juan 15:15). No es

---

[73] D. A. Carson, *The Gospel according to John*, The Pillar New Testament Commentary (Grand Rapids, MI: W.B. Eerdmans, 1991), p. 522.

sorprendente que un siervo desconozca lo que hace su patrón. Cristo pone este mensaje de cabeza ya que, pese a ser nuestro Señor y Rey, dice que no nos llama siervos, sino amigos. Finalmente, nos da el motivo por el cual nos puede llamar así, al decir: «porque les he dado a conocer *todo* lo que he oído de Mi Padre».

Observa que Jesús une la idea de amistad con la realidad de haber dado a conocer lo que oyó del Padre. De manera similar, MacArthur comenta que «Abraham fue llamado amigo de Dios porque disfrutó de un acceso extraordinario a la mente de Dios a través de la revelación divina que creyó» (2 Cor. 20:7; Sant. 2:23).[74] Dios muestra que una característica para ser Su amigo es conocerlo profundamente. Esto requiere que Dios se deje conocer. Según la RAE, algo es transparente cuando proporciona información suficiente sobre su manera de actuar. En cuanto a nuestras relaciones de amistad, la transparencia es fundamental ya que:

1. Desde el jardín, cuando Adán y Eva estaban desnudos y sin miedo, el hombre y la mujer tuvieron un deseo de ser conocidos y vistos, incluso cuando parecía que no. Como dice Andrew Peterson:

   > Soy el niño (y el hombre) que no levanta la mano. Siempre que lo hago, me arrepiento. Mejor callar, ocuparme de mi rechazo con temor y temblor, y seguir buscando un lugar seguro donde nunca me enfrente con mi propia insignificancia. Y, sin embargo, en guerra con ese deseo de ser invisible está el anhelo de ser visto, conocido y valorado.[75]

2. Si no somos transparentes, no podemos en realidad crecer unos con otros. Una verdadera amistad es aquella en la que somos transparentes, de tal forma que podemos llevar las cargas unos de otros (Gál. 6:2), gozarnos con los que se gozan y llorar con los

---

[74] John MacArthur, *Biblia de Estudio MacArthur* (Nashville, TN: Thomas Nelson, 1997), Juan 15:14-15.

[75] Andrew Peterson, *Adorning the Dark: Thoughts on Community, Calling, and the Mystery of Making* (Nashville, TN: B&H Books, 2019). Tomado de https://www.wingfeathersaga.com/news1/adorning-the-dark-week-1

que lloran (Rom. 12:15), orar unos por otros, confesar nuestros pecados unos a otros (Sant. 5:16), y todas las demás cuestiones de los unos con los otros que veremos más adelante.

3. La transparencia nos permite además ser sinceros y convertirnos en aliados, al cuidarnos cuando alguien está en pecado. Proverbios 27:5-6 declara: «Mejor es la reprensión franca que el amor encubierto. Fieles son las heridas del amigo, pero engañosos los besos del enemigo».

    Cuando terminé la universidad, estaba comprometido y a punto de casarme. Para resumir, esa relación se rompió. Pese a que dolió mucho, años después, vi que Dios, en Su amor, usó esa relación rota como una manifestación de gracia. Hoy estoy felizmente casado con una mujer increíble que es mi mejor amiga. Algo que me impactó fue que, después de mi boda, un amigo dijo: «Ahora sí, esto tiene sentido». Al preguntarle a qué se refería, muy cariñosamente me dijo: «Estabas tan "enamorado", que era difícil hablar contigo de las banderas rojas que veíamos en tu relación». La transparencia en las amistades se ve en que dejamos la puerta abierta para que los amigos puedan hablar verdad a nuestras vidas. Dales a tus amigos el poder de vetar planes o al menos de expresar preocupaciones, sabiendo que realmente considerarás lo que te digan (ver también Proverbios 28:23). Sé el amigo que ama lo suficiente para, en fe, tener esas conversaciones difíciles con otros.

Ahora, de manera similar a lo que sucede con la autenticidad, es fácil abusar de la transparencia. Hablemos de lo que la transparencia *no* es.

Por un lado, el creyente sabe y cree que Cristo cubrió sus pecados. Por consiguiente, la comunidad cristiana puede ser transparente con Él. Es más, sabemos y decimos que el evangelio no es para perfectos, sino para pecadores. Las iglesias tienen letreros que dicen «no se acepta gente perfecta». Por cierto, cantamos a todo pulmón cánticos que afirman que somos pecadores. Todo esto es bueno y apropiado.

Por tanto, como Iglesia tenemos que ser un lugar seguro para confesar el pecado. Esto es una parte importante de la transparencia. Debido a que Cristo me perdonó (y a que no le intimida mi pecado), voy a buscar ser un lugar seguro para otros mientras intento amar al Señor; y si caí en pecado, buscaré restaurar mi relación con Él.

No obstante, esto no significa que en el nombre de la transparencia podamos cometer un montón de pecados con la justificación de que «estoy siendo transparente». Déjame darte dos ejemplos de la vida real.

Hace unos años, fui a una reunión con un grupo de amigos cristianos. Después de una conversación muy amena y edificante, el tono y el enfoque del grupo cambió abruptamente. Era el momento de «ser reales». Perdón que lo exprese de esta forma, pero lo que ocurrió fue que se animó a que todos vomitaran sus emociones y las cosas más oscuras en el nombre de la transparencia. A los que no se sentían cómodos, se les hacía sentir que en realidad no estaban siendo transparentes o reales. Por otro lado, el grupo se convirtió en una cacería de brujas al ser sinceros respecto a confrontar y «hablar verdad» a los hermanos. Esta manera de relacionarnos, supuestamente, mostraba que éramos en realidad amigos. Pero, te puedo decir que, al llegar a mi casa, sentí la necesidad de darme una ducha y empecé a huir, especialmente cuando me escribían un texto con un: «Tenemos que conversar».

Esta práctica, en primer lugar, va en contra de versículos que claramente dicen: «No salga de la boca de ustedes ninguna palabra mala, sino solo la que sea buena para edificación, según la necesidad del momento, para que imparta gracia a los que escuchan» (Ef. 4:29), «Pero que la inmoralidad, y toda impureza o avaricia, ni siquiera se mencionen entre ustedes, como corresponde a los santos» (Ef. 5:3), y otros. En conclusión, la transparencia cristiana busca vivir en la tensión de ambos lados del péndulo.

Por otro lado, notemos que el texto dice que «fieles son las heridas *del amigo*»; no dice que uno se hace amigo porque siempre está buscando mostrarle al otro el pecado. No siempre es posible, pero en la gran mayoría de los casos, la amistad es la base para tener conversaciones difíciles de confrontación. Un amigo está más dispuesto a escuchar cuando sabe que la otra persona realmente lo ama y es en realidad un amigo. Así como un buen padre no solo corrige, sino que también nutre, anima, juega, etc., un buen amigo no solo corrige.

4. Finalmente, la transparencia va de la mano con la habilidad de un amigo de hacerte sentir cómodo. Uno de mis profesores dijo en una clase de consejería: «¿Cómo debería ser el consejero para que usted esté dispuesto a compartir su pecado o fracaso más secreto?».[76]

Querido lector, ¿eres un amigo con el cual otros están dispuestos a compartir su pecado o fracaso más secreto? Dicho de otra forma, ¿eres una persona con la cual es fácil ser transparente?

En conclusión, un buen amigo es aquel con el cual es fácil ser transparente, mientras también busca ser transparente. Es difícil ser amigo de una persona que esconde sus intenciones todo el tiempo.

3. PERSISTENCIA EN BUSCAR QUE OTROS CONOZCAN A JESÚS (v. 16)

Vamos a ser breves con este punto, ya que lo vimos en un capítulo anterior.

Juan 15:16 dice: «Ustedes no me escogieron a Mí, sino que Yo los escogí a ustedes, y los designé para que vayan y den fruto, y que su fruto permanezca; para que todo lo que pidan al Padre en Mi nombre se lo conceda».

Algo interesante es que, comúnmente, al hablar de evangelización nos asusta fallarle a la persona a la que estamos ministrando. Nos atemoriza que eso arruine su deseo de seguir a Cristo. Este texto es sumamente reconfortante, ya que muestra que Cristo es soberano. Esto no es una justificación para no crecer en piedad y en habilidades relacionales, pero sí un recordatorio de que puedo encarar esas

[76] Dr. Ernie Baker.

amistades con una confianza humilde y piadosa, sabiendo que no son mis increíbles habilidades y fortalezas relacionales las que traerán a alguien a Cristo. Yo solo soy una herramienta. Busco ser un buen amigo (con *a* minúscula), para que otros conozcan al Amigo perfecto (con *A* mayúscula), y queden anclados en Él, no en mí.

Finalmente, esta persistencia en la piedad implica que busquemos personas que nos ayuden a amar al Amigo perfecto. Esta persistencia se ve claramente en las palabras de Paul Tripp:

> Hay dos pilares en la vida cristiana: la confianza en el evangelio y la vigilancia contra el pecado. Lo que necesito en mi vida son relaciones íntimas, personales, intrusivas, perseverantes y consistentes si quiero luchar contra mi pecado y aferrarme al evangelio.[77]

4. PRUDENCIA CON EL MUNDO (VV. 18-19)

«Si el mundo los odia, sepan que me ha odiado a Mí antes que a ustedes. Si ustedes fueran del mundo, el mundo amaría lo suyo; pero como no son del mundo, sino que Yo los escogí de entre el mundo, por eso el mundo los odia» (Juan 15:18-19).

En este texto, la palabra *filos* aparece tres veces traducida como «amigo» (vv. 13-15). En el versículo 19, la misma familia de palabras aparece con el verbo *fileo,* que se traduce como «amaría». Una posible traducción, manteniendo la idea de amigo, podría ser: «Si fueras del mundo, el mundo *sería tu amigo*». Jesús enseña que una amistad con Él te hace automáticamente enemigo del mundo.

No puedo contar el número de personas con las que he conversado y a quienes he visto llorar porque su jefe, su familia o sus amigos las tratan horriblemente por buscar vivir para Cristo y tener un deseo de crecer en madurez espiritual con toda humildad. Estas personas están doloridas y se sienten solas por el trato que reciben.

---

[77] Paul Tripp, tomado de apuntes de Joe Keller, en reunión de liderazgo en grupos pequeños, The Master's College, 22 de febrero de 2005.

Parte del consuelo que nos da la Biblia es recordarnos que ese tipo de trato no debe sorprendernos. Un teólogo comenta:

> La actitud de Caín representa la actitud del presente sistema mundial (1 Jn. 3:13). El mundo odia a Cristo (Juan 15:18-25) por la misma razón que Caín odiaba a Abel: Cristo pone en evidencia el pecado del mundo y revela su verdadera naturaleza. Cuando el mundo se encuentra cara a cara con la realidad y la verdad, como en el caso de Caín, solo puede tomar una de dos decisiones: arrepentirse y cambiar o destruir al que lo pone en evidencia.[78]

¿Y qué pasa con Cristo, el amigo de los pecadores?

Como lo mencioné, hace tiempo trabajaba en el mundo de la música. La mayoría de mis amigos eran no creyentes y, con vergüenza, confieso que tenía mucho orgullo de que yo era en realidad amigo de pecadores, no como los «hermanitos» encerrados en la iglesia.

Dios es fiel, y poco después escuché un sermón de un querido amigo y mentor (el cual, mientras yo escribía este libro, fue ascendido a la gloria después de luchar contra el cáncer). Él explicó de manera clara que efectivamente Jesús pasó tiempo con pecadores, pero que esos pecadores estaban siendo moldeados por Él, y no viceversa.

Eso trajo gran convicción a mi corazón. Mi corazón quería esas amistades porque me hacían ver como un «cristiano *cool*», un «creyente provocador», animaban mi autosuficiencia y asilamiento.

Una amistad bíblica es una en la que somos cuidadosos o prudentes al interactuar con el mundo. El salmista escribe: «Con los falsos no me he sentado, ni con los hipócritas iré. Aborrezco la reunión de los malhechores, y no me sentaré con los impíos» (Sal. 26:4-5).

Observa que la idea de *sentarse* aparece dos veces en el texto. Esta palabra se traduce en otros lugares del Antiguo Testamento como establecerte en un lugar, quedarte en un lugar, habitar, morar

---

[78] Warren W. Wiersbe, *Genuinos en Cristo: Estudio expositivo de la Primera Epístola de Juan* (Sebring, FL: Editorial Bautista Independiente, 1994), pp. 115-116.

y vivir. Cuando una persona cercana llega a tu casa, la saludas y le dices algo como: «Pasa, por favor, toma asiento». La estás invitando a relajarse. Estás comunicando la idea de que esta es tu casa, es un lugar donde puedes relajarte.

Un erudito escribe: «Sentarse con ellos implicaría una asociación prolongada y mayor intimidad y responsabilidad por el compañerismo, que caminar o estar de pie con ellos».[79]

Una marca clara de cómo vemos nuestras amistades se muestra al preguntarnos sinceramente con quién decidimos asociarnos, con quiénes buscamos pasar tiempo, en la compañía de quién nos sentimos más cómodos.

Como mencioné anteriormente, esto me ha costado mucho. Por mucho tiempo, me llevaba mejor con los no creyentes. Dios tiene sentido del humor, porque después me llamó al pastorado. Que Dios nos conceda amar a nuestros amigos incrédulos mientras vivimos con el cuidado que nos dan textos como el Salmo 1:1, Proverbios 13:20 y 1 Corintios 15:33.

5. PRESENCIA

Te presento a David, un jugador profesional de fútbol que dijo que, mientras tenía un contrato y fama, su teléfono no dejaba de sonar. Después de haber sufrido una lesión, se siente solo y abandonado. Una frase resuena en su corazón: «Los amigos se cuentan siempre dos veces: en las buenas, para ver cuánto son… y en las malas, para ver cuántos quedan».

El Amigo perfecto nos da una vez más la respuesta. Cuando estábamos en las malas, el Amigo perfecto vino al mundo (Juan 1:4). Jesús se encarnó y caminó en la tierra para que tuviéramos un sumo Sacerdote que pudiera compadecerse de nosotros (Heb. 4:15). Él murió solo y abandonado incluso por Sus amigos más cercanos, y entiende lo que es sentirse abandonado.

---

[79] Charles Augustus Briggs y Emilie Grace Briggs, *The Book of Psalms*, 2 vols. (Edimburgo: T. & T. Clark, 1987), 1:232.

Es más, la Biblia enseña que, en momentos difíciles, Dios consuela a Su pueblo recordándole Su presencia. Lee los siguientes versículos:

> El SEÑOR se le apareció aquella misma noche y le dijo: «Yo soy el Dios de tu padre Abraham; no temas, porque *Yo estoy contigo*. Y te bendeciré y multiplicaré tu descendencia, por amor de Mi siervo Abraham». (Gén. 26:24)
>
> Sean firmes y valientes, no teman ni se aterroricen ante ellos, porque el SEÑOR tu Dios es el que *va contigo*; no te dejará ni te desamparará. (Deut. 31:6)
>
> ¿No te lo he ordenado Yo? ¡Sé fuerte y valiente! No temas ni te acobardes, porque el SEÑOR tu Dios estará contigo dondequiera que vayas. (Jos. 1:9)
>
> Me invocará, y le responderé; Yo estaré con él en la angustia; lo rescataré y lo honraré. (Sal. 91:15)

Y mi favorito: «Aunque pase por el valle de sombra de muerte, no temeré mal alguno, porque Tú estás conmigo; Tu vara y Tu cayado me infunden aliento» (Sal. 23:4).

En primer lugar, observa que buenos amigos son aquellos que dejan sentir su presencia en momentos difíciles. Es horrible sufrir solos. Un amigo es ese que nos sostiene cuando no tenemos la fuerza para sostenernos a nosotros mismos. Proverbios 17:17 dice: «En todo tiempo ama el amigo, y el hermano nace para tiempo de angustia».

En segundo lugar, la presencia también da el contexto para la influencia. Al hablar de la influencia de los padres en los hijos, Dios dice: «Las enseñarás diligentemente a tus hijos, y hablarás de ellas cuando te sientes en tu casa [esto es presencia] y cuando andes por el camino [presencia], cuando te acuestes y cuando te levantes [esto también es presencia]» (Deut. 6:7). Cada amistad que nos moldea es una amistad que prioriza la presencia.

Entonces, ¿cómo practicamos esta prioridad en nuestras amistades? Aparte de la importancia de la presencia en el sufrimiento y las dificultades, aquí tienes una lista práctica de presencia, o lo que Keller llama *consistencia,* en los ritmos de la vida. Cada uno de estos puntos puede ser expandido de gran forma.

Celebración: estar presentes y juntos en momentos de alegría nos une. Esto incluye cumpleaños, bodas, nacimientos y graduaciones. Una amistad se nutre al celebrar juntos. Me parece interesante que Jesús iniciara Su ministerio en una boda.

Confesión: ya que vivimos en un mundo caído, vamos a pecar en contra de nuestros amigos. La presencia solo puede ocurrir en relaciones donde es normal confesar el pecado a Dios y el uno al otro. Ya que una amistad es entre dos pecadores, la confesión bíblica debe ser un componente normal de una amistad verdadera. Esta confesión va de la mano con el perdón. Confesión y perdón son los dos lados de la moneda de cómo se deben manejar los distintos conflictos relacionales.

Recreación: estar presentes en momentos de relajación y recreación nos ayuda a crecer en los momentos informales e importantes de una amistad. ¿Te ha pasado que disfrutas mucho el tiempo con amigos cuando no sientes que tienes que entretenerlos? Puedes estar en silencio y disfrutar de su compañía. Esto puede incluir compartir pasatiempos, salir de vacaciones juntos, disfrutar de eventos deportivos u otras actividades, o estar juntos sin una agenda.

Oración: orar juntos une nuestros corazones. Esto no incluye solo orar cuando estamos juntos, sino también orar unos por otros. Esta categoría también incluye otras disciplinas espirituales. Beeke y Haykin citan a Baxter y afirman:

> Es una gran misericordia tener a un amigo tan cercano que ayude a tu alma; que se una a ti en la oración y en otros ejercicios santos; que vele por ti y te hable de tus pecados y peligros, y despierte en ti la gracia de Dios, y te recuerde la vida

venidera, y te acompañe alegremente por los caminos de la santidad.[80]

Comunicación: en un tiempo de redes e hiperconectividad, tengamos claro que la presencia requiere comunicación. No es suficiente estar sentados en el mismo lugar mientras ambos estamos ausentes en nuestros dispositivos. Esto además requiere un entendimiento de los principios de comunicación bíblica.[81]

Hospitalidad:[82] No encontré una buena palabra que terminara con *ción*, pero este punto no puede quedar afuera, ya que, lógicamente, es imposible tener presencia, y por ende amigos, sin primero conocer a extraños que en la bondad de Dios se convierten en amigos. El *Nuevo Diccionario Bíblico Ilustrado* lo explica bien: «En el oriente se ha considerado desde siempre como un sagrado deber acoger, alimentar, alojar y proteger a todo viajero que se detenga delante de la tienda o del hogar. El extraño es tratado como huésped, y los que de esta manera han comido juntos quedan atados por los más fuertes lazos de amistad…».[83]

La palabra *hospitalidad* literalmente significa «amor de amistad a extraños», y va mucho más allá de invitar a nuestros amigos y familiares a nuestra casa. Ahora, como dice Strauch, «no hay nada malo en comer con amigos y parientes. Tales ocasiones son necesarias para mantener la relación de amistades con ellos. El Señor mismo disfrutó mucho el compartir los alimentos con amigos cercanos y seres queridos. Por ejemplo, uno de Sus lugares favoritos era la casa de María, Marta y Lázaro (Luc. 10:38-42)».[84] Sin embargo, el enfoque de la hospitalidad es abrir nuestro hogar a los extraños (véase Luc. 14:12-1).

---

[80] Beeke y Haykin, *How Should We Develop Biblical Friendship?*, ubic. 420 de 597.

[81] Aquí puedes encontrar dos prédicas sobre el tema de la comunicación: https://lafuenteuio.org/?s=Caracteristicas+de+la+comunicaci%C3%B3n

[82] Un recurso muy útil para este tema es *La Hospitalidad: Un mandato ineludible,* de Alexander Strauch.

[83] Samuel Vila Ventura, *Nuevo Diccionario Bíblico Ilustrado* (Barcelona, España: Editorial CLIE, 1985), p. 509.

[84] Strauch, *La Hospitalidad: Un mandato ineludible,* p. 28.

La hospitalidad es muchas veces la herramienta que Dios usa poderosamente en Su providencia para que las personas se conozcan y forjen vínculos de amistad. Más aún, que sea la herramienta que Dios usa para que extraños se conviertan en amigos de Jesús.

6. CONSISTENCIA

Vamos a hablar de esto más adelante, al hablar del amor y la paciencia. Por ahora, notemos que hay muchas conversaciones alrededor del tema de «amistades tóxicas», las cuales buscamos evitar.

El problema es que, al anclar la conversación en identificar relaciones tóxicas y no en Cristo, podemos perder de vista las amistades fieles que son tan necesarias en nuestro tiempo. Considera los siguientes versículos.

> Muchos hombres proclaman su propia lealtad, pero un hombre digno de confianza, ¿quién lo hallará? (Prov. 20:6)
>
> Salva, SEÑOR, porque el piadoso deja de ser; porque los fieles desaparecen de entre los hijos de los hombres. (Sal. 12:1)

Un buen amigo es uno que busca ser consistente en sus relaciones, y le pide a Dios sabiduría para seguir el ejemplo de Cristo, el cual permanece fiel cuando otros son infieles (2 Tim. 2:13), y también practica los puntos anteriores que lo guardan de amistades pecaminosas o «tóxicas».

Además, la consistencia está unida al consejo, ya que el pecado entró en el mundo cuando la humanidad dejó de escuchar el consejo de Dios y escuchó un mal consejo. Un buen amigo es aquel que consistentemente apunta al prójimo a escuchar a Dios.

Tengamos en claro que todos somos consejeros, y más aún, en nuestro rol como amigos. Proverbios 27:9 afirma: «El ungüento y el perfume alegran el corazón, y dulce para su amigo es el consejo del hombre». Contrario a lo que dicta la opinión común, la Biblia muestra que cada creyente es un consejero, ya que la consejería es parte de la Gran Comisión. Cristo nos llama a hacer discípulos, enseñándoles a *guardar* lo que Él ha enseñado.

En las amistades, tenemos la oportunidad de caminar con otros y ser partícipes de esa obra de guardar las enseñanzas de Cristo en lo cotidiano. Un amigo nos escucha y nos ayuda a ver qué estamos adorando, para después recordarnos el evangelio. Puesto de otra forma, consejería en realidad es amistad espiritual (véase Prov. 15:22; 24:6; 27:17; Gál. 6:1; Col. 1:28-29).

7. PROVIDENCIA

Para ilustrar este punto, te presento a mis amigos Andrew y Andrés.

Empecemos con Andrew. Como mencioné antes, volver al país fue bastante difícil. Parte de la dificultad era volver a un lugar que no se parece en nada al lugar que dejé hace más de una década. Mi corazón deseaba algo familiar. En la providencia de Dios, conocí a Andrew. Andrew vivía cerca de mi casa, era parte de mi comunidad y teníamos varias cosas en común. Él vivió muy cerca de donde yo viví en Estados Unidos, e incluso teníamos varios amigos en común.

En ese entonces, yo estaba seguro de que Andrew y yo seríamos buenos amigos y que pasaríamos mucho tiempo juntos. Dios, en Su providencia, no lo permitió. Pese a nuestros deseos de reunirnos, ya van años de planes cancelados hasta el punto de que nuestras esposas se ríen cada vez que nos topamos en la calle y decimos: «Tenemos que reunirnos». Es un hermano que dirige un ministerio para eclesiásticos, y yo también tengo las manos llenas de responsabilidades. Mientras buscamos ser fieles a Cristo, el Señor, en Su providencia, no ha permitido que se dé una amistad como yo pensé que se iba a dar.

Ahora, déjame contarte de Andrés. Antes de conocerlo cara a cara, Andrés fue un pedido de oración en nuestro grupo pequeño. Con el tiempo, Dios respondió nuestras oraciones y dio nueva vida a Andrés. Tuve el privilegio de bautizarlo, y ahora es un hermano fiel que sirve en la iglesia. Andrés, en contraste con Andrew, tiene un contexto distinto al mío. Es más, una vez me comentó cómo su educación lo llevó a tener mucha sospecha del «imperio» y aquellos conectados a él (mi esposa es de Estados Unidos). A simple vista, Andrés y yo somos muy distintos, pero te puedo contar que, con el tiempo, se ha convertido en un querido amigo al que mis hijos amorosamente llaman «tío».

Como estas, hay muchas otras relaciones que, en teoría, se veían perfectas para una amistad profunda, pero que nunca se materializaron, mientras que extraños se convirtieron en amigos queridos y cercanos. Mi punto es que tuve la tentación de buscar forzar una relación con Andrew y minimizar lo que Dios estaba haciendo con Andrés. Solemos hacemos eso.

Proverbios 16:9 enseña que «la mente del hombre planea su camino, pero el SEÑOR dirige sus pasos». Incluso en las amistades, recuerda que Dios es soberano en cuanto a quienes terminan siendo cercanos en nuestras vidas. Ten esto en mente al pensar en tus interacciones diarias.

Quiero que consideres algo increíble. Dios es tan poderoso, que he visto cómo usa algo tan simple y cotidiano, como el calendario de voluntarios para un ministerio, como herramienta para Sus propósitos. En algún momento, alguien puso a Fulanito con Zutanito «al azar» para que sirvieran juntos. Dios tenía un plan más grande, y Fulanito se convirtió en el mejor amigo de Zutanito. El día de la boda de Fulanito, Zutanito dio un conmovedor discurso y acompañó a su mejor amigo en ese día especial. Y todo empezó con un calendario. Entonces…

En primer lugar, no te olvides de que Dios es grande y soberano. Puedes confiar en que tiene un plan más grande y mejor del que puedes imaginar para tus relaciones interpersonales. Esto significa que puedes luchar y buscar consistencia, mientras mantienes tu mano abierta y no te aferras de maneras pecaminosas a tu plan para una amistad. Ora pidiendo sabiduría.

En segundo lugar, recuerda que la soberanía de Dios sobre todas las cosas incluye también los estratos de la amistad. Hay veces que el deseo de tener amistades cercanas anima a nuestro corazón a la impaciencia y a forzar intimidad. El resultado es peligroso. Beeke y Haykin advierten: «Las personas que intentan saltar desde afuera del círculo al nivel *más íntimo* crean relaciones inestables y, a veces, peligrosas sin una base firme de conocimiento, compromiso y confianza mutuos. Tal impaciencia e inmadurez a menudo conducen a pecados graves y corazones quebrantados».[85]

8. GRACIA

Pablo, al escribir a sus amigos y hermanos en la fe, comúnmente incluye la gracia tanto en el saludo como en la despedida. Por ejemplo, en Efesios, la carta inicia con «Gracia y paz a ustedes» (Ef. 1:2), y termina con «la gracia sea con todos los que aman a nuestro Señor Jesucristo» (Ef. 6:24). La gracia, que se define como favor inmerecido, aparece doce veces en la epístola y es un tema principal en Efesios, en toda la Escritura y en las amistades.

Tomemos un momento para observar la gracia en Efesios. En primer lugar:

- La gracia de Dios es alabada (1:6).
- Es por Su gracia que tenemos redención (1:7).
- Es por gracia que somos salvos (2:5, 8).
- Es Su gracia la que va a ser mostrada en los siglos venideros (2:7).
- La gracia es la que le da un ministerio a Pablo (3:7).
- Es por gracia que el creyente recibe dones (4:7).

¡Creo que queda claro que Su gracia es importante!

En segundo lugar, notemos los términos que describen la gracia. Efesios 1:7 y 2:7 dicen respectivamente: «Según las riquezas de Su gracia» y «las sobreabundantes riquezas de Su gracia». Observa que no dice «*de* las riquezas de Su gracia». Una cosa es dar algo *de* lo que tienes, y otra cosa es dar *de acuerdo* a lo que tienes o *según* lo que tienes.

---

[85]Beeke y Haykin, *How Should We Develop Biblical Friendship?*, ubic. 273 de 597.

Pablo está diciendo que un Dios con tantas perfecciones, cuando da gracia, no da de lo que tiene, sino que da Su gracia de manera proporcional a quién es. Por ejemplo, en un matrimonio, es distinto dar un regalo que darte a ti mismo. Por consiguiente, cuando Dios da Su gracia, es una gloriosa gracia (véase Ef. 1:6).

El Rey en gracia gloriosa, en gracia rica y abundante, nos llama a ser Sus amigos. Esa gracia es la que cubrió nuestro pecado y de la cual dependemos a diario. En una amistad entre pecadores, vamos a encontrar la tensión entre gracia y pecado. Como Tripp y Lane explican: «La dificultad es que el pecado y la gracia coexisten en [toda relación]. El pecado se interpone en el camino de lo que la gracia puede hacer, mientras que la gracia cubre lo que causa el pecado. Nuestras relaciones muestran vívidamente esta mezcla dinámica de oro y escoria».[86]

Veamos esta relación de maneras específicas. En primer lugar, dijimos que «los amigos duplican las alegrías y dividen las penas». Cada amistad da testimonio de la gracia de Dios. Dios, en Su bondad, provee amistades y personas con las cuales podemos compartir la experiencia humana. Cuando mires a tus amigos, dedica tiempo a agradecer a Dios por Su gracia al permitirte navegar este mundo con ellos.

En segundo lugar, las amistades y las relaciones interpersonales nos recuerdan nuestra necesidad de la gracia de Dios. Pese a que las amistades son una bendición, también traen conflicto, dificultades y son complejas de manejar. Todos en algún momento vamos a ser lastimados y lastimar a alguien, o nos encontraremos en un lugar de confusión. Dios nos da la oportunidad de tener amistades como un recordatorio de nuestra necesidad continua de gracia.

En tercer lugar, las amistades son una forma de crecer en gracia. La vida cristiana no es una de individualismo, sino de comunidad. Necesitamos a otros para crecer a la imagen de Cristo, y por eso Dios usa las amistades como herramientas para crecer en gracia (2 Ped. 3:18).

---

[86] Tripp y Lane, *Relationships*, p. 7.

Finalmente, las amistades solo pueden prosperar si están saturadas de gracia. Si Dios «no nos ha tratado según nuestros pecados», sino que nos trata con gracia, cuánto más debemos tratar a nuestros amigos con gracia. Como Dios es amoroso y Sus misericordias son nuevas cada mañana, debemos darnos, como amigos, nuevas oportunidades. Esto significa también que nos tratamos amablemente, con cuidado, prefiriéndonos unos a otros (Rom. 12:10).

CONCLUSIÓN

Al ver estas nueve prioridades, me doy cuenta de que hay mucho en donde crecer. Gracias a Dios por Su gracia que guarda nuestros corazones del desánimo. No mires estas características como una lista de control, sino como un jardín que requiere que lo riegues y cuides.

Con este punto, hemos culminado esta tercera sección y llegamos a la sección final del libro. Veamos la relación práctica entre la amistad y el amor.

PARTE 4

EL AMOR Y LA AMISTAD

Hace algún tiempo, un amigo practicaba un tipo de artes marciales. Pasaba tiempo mirando videos de técnicas avanzadas y prestaba mucha atención a los movimientos. Un día, llegó donde estaba su entrenador y sugirió practicar una de esas técnicas. El entrenador le respondió con sabiduría: «No, primero necesitas bases firmes; vamos a ver los fundamentos».

Hasta ahora, hemos visto perfiles, estratos y prioridades en las amistades. Mi preocupación es que leas este libro en busca de «técnicas avanzadas» de la amistad. Tenemos la tentación de pensar que, muchas veces, la respuesta está en ideas novedosas y prácticas nuevas. Sin embargo, Jesús hace lo contrario. Comienza con la idea más básica: el amor. El amor es la base de una buena amistad y es el tema de esta sección.

11

EL AMOR Y LA AMISTAD

Este es Mi mandamiento: que se amen los unos a los otros [...].
Esto les mando: que se amen los unos a los otros.
(Juan 15:12, 17)

Se han cortado muchos árboles mientras hablábamos de Juan 15:13-16, el texto donde Jesús nos llama amigos y nos muestra cómo ser amigos suyos. Un estudio correcto de la Biblia busca fijarse en el contexto del pasaje para entenderlo. Nota que el contexto inmediato muestra que el amor es lo que enmarca el tema de la amistad. Los versículos 13, 14 y 15 de Juan 15 tratan el tema de la amistad y se encuentran envueltos por los versículos 12 y 17. En ambos pasajes, existe un claro mandamiento: «Que se amen los unos a los otros». Antes de presentar la idea de amistad, Cristo empieza con algo sumamente básico, un fundamento de la fe cristiana: el amor. El regalo de la amistad, entonces, se encuentra envuelto en el papel del amor.

¿QUÉ ES EL AMOR?

Para ser buenos amigos, es indispensable que entendamos primero el amor de Dios y la centralidad del amor en nuestras vidas. Pero ¿qué es el amor? Nuestro primer instinto es buscar la definición en el mundo que nos rodea, pero eso nos meterá en grandes problemas. El mundo tiene una gran variedad de respuestas, algunas incluso bastante extrañas, para responder a la pregunta de qué es el amor.

Las ciencias explican que el amor es una experiencia afectiva conformada por un conjunto de variables muy concretas. Una conocida antropóloga y bióloga indica que «el amor es un poderoso sistema de motivación, un impulso básico que nos permite satisfacer una serie de necesidades. La necesidad de sentirse amado, las necesidades sexuales, la necesidad de apego».[87]

Entiendo que la ciencia no es el mejor lugar donde encontrar la definición de amor, y que sería más preciso preguntar a la poesía o a las artes. Entonces, el poeta expresa:

El amor te ciega
Aunque, a veces, te engaña
El amor es pureza
Si es que a alguien tú amas.[88]

En canciones y películas encontramos conceptos contradictorios de lo que es el amor; a veces se lo entiende, otras veces, no. Unos se enfocan en que es algo que se siente, otros en algo que se hace. Un escritor dice: «El amor no necesita ser entendido, solo necesita ser demostrado».[89] Pero esto crea un gran problema, porque las personas demuestran el amor de distintas maneras, lo que se convierte con frecuencia en una fuente de conflictos. En resumen, pese a que suenan muy poéticas, todas esas canciones y definiciones se quedan solamente en el aire. Nadie puede basar su vida en los conceptos de amor que ofrece el mundo, ya que nadie se pone de acuerdo en qué se debe hacer.

Entonces, ¿quién define el amor? ¿Qué que es amor?

¿Que tal si empezamos con las palabras de Jesús?

> Nadie tiene un amor mayor que este: que uno dé su vida por sus amigos. (Juan 15:13)

---

[87] https://www.datoposta.com/curiosidades-del-14-de-febrero-dia-de-los-enamorados-dia-de-san-valentin/

[88] Tito el Bambino, *El amor*. Del disco *El patrón,* Siente Music, 2009.

[89] Paulo Coelho, https://twitter.com/paulocoelho/status/432137860385234944?lang=es

> Pero Dios demuestra su amor para con nosotros, en que siendo aún pecadores, Cristo murió por nosotros. (Rom. 5:8)
>
> Sean, pues, imitadores de Dios como hijos amados; y anden en amor, así como también Cristo les amó y se dio a sí mismo por nosotros, ofrenda y sacrificio a Dios, como fragante aroma. (Ef. 5:1-2)

Cristo es amor, y Su sacrificio es el ejemplo de amor más sublime en la historia de la humanidad. Ese amor es el que ahora nos controla y por lo que ahora tenemos un llamado a amar a otros. «Nosotros amamos porque Él nos amó primero» (1 Jn. 4:19; ver también 1 Jn. 4:11-12).

LA IMPORTANCIA DEL AMOR

Una enseñanza importante en la Biblia es que Dios nunca nos manda a hacer algo para lo cual no nos ha capacitado o de lo que no nos ha dado ejemplo. Cuando nos manda a amar, da ejemplo y dice: «Así como Yo los he amado. Nadie tiene un amor mayor que este: que uno dé su vida por sus amigos» (Juan 15:12-13).

El capítulo 15 de Juan se encuentra en una sección conocida como «las enseñanzas del aposento alto». Se trata de las últimas palabras de Jesús para Sus discípulos antes de la crucifixión. Los capítulos 13–17 de Juan registran el discurso de despedida del Señor. Por lo general, las últimas palabras de una persona tienen un peso crucial. Después de caminar con Sus amigos por tres años, Jesús se dirige a ellos para darles las indicaciones más importantes antes de Su partida, y el tema del amor toma un lugar importante.

Por ejemplo, en Juan 13:1, Cristo ubica a la amistad en el contexto de un amor que ama hasta el final. En Juan 13:33-34, habla del amor los unos a los otros como un nuevo mandamiento y una nueva prioridad para los discípulos. Lo que Cristo enfatiza es que el amor da testimonio al mundo de que hay algo distinto en aquellos que están en Cristo. Juan 13:35 dice que el mundo observará la calidad de la amistad de aquellos que dicen ser amigos de Cristo, y dirá: «Eso es lo que quiero». Llegamos al capítulo 14, y el amor continúa siendo el hilo conductor de las enseñanzas del aposento alto. Se habla del amor en los versículos 15 y 21. Llegamos al capítulo 15, y con la imagen de la vid y los sarmientos, Jesús afirma: «Como el Padre me ha amado, así también Yo los he amado; permanezcan en Mi amor» (Juan 15:9). Al final de las enseñanzas en el aposento alto, el amor vuelve a aparecer en el último versículo del capítulo 17, con las palabras: «Yo les he dado a conocer Tu nombre, y lo daré a conocer, para que el amor con que me amaste esté en ellos y Yo en ellos» (Juan 17:26).

Podríamos ampliar aún más nuestro estudio, ya que este concepto no lo encontramos solamente en los Evangelios, sino que sobresale a lo largo del Nuevo Testamento. Pablo escribe en varias ocasiones acerca del amor (Rom. 13:8; Gál. 5:6) e incluso dice que «el propósito de nuestra instrucción es el amor nacido de un corazón puro, de una buena conciencia y de una fe sincera» (1 Tim. 1:5). Pedro también escribe sobre el tema: «Sobre todo, sean fervientes en su amor los unos por los otros, pues el amor cubre multitud de pecados» (1 Ped. 4:8). Me encanta este versículo porque el imperativo de ser fervientes marca la intensidad del amor mutuo que debe haber entre los cristianos. Lamentablemente, solemos depositar nuestro fervor en muchas otras cosas, pero casi nunca en el amor unos por otros. El apóstol también habla del amor en 2 Pedro 1:5-7, mostrando que amar demanda un esfuerzo de nuestra parte.

Creo que entendemos el mensaje. El fundamento del cristianismo es el amor. Pero no es un amor solo de palabras. El mandamiento en Juan 15:12 no se refiere a hacer actos de amor esporádicos, sino que se trata de una forma verbal continua que expresa algo que sucede continuamente. No es un tipo de amor como el del esposo que le dijo a su esposa que la amaba el día que se casaron y, desde ahí, nunca más lo hizo. Es un estilo de vida.

AMARSE UNOS A OTROS

Entonces, la pregunta es: ¿cómo sería en la práctica un estilo de vida de amor a mis amigos? Nuestro texto es muy útil, ya que vemos que el Espíritu Santo inspiró a Juan a poner a la amistad en el contexto del amor los unos a los otros, y Dios nos da información muy práctica de ambos temas: los unos a otros y el amor.

Unos a otros

Los «unos a otros» son una serie de más de cuarenta mandatos y prácticas que se encuentran en el Nuevo Testamento y proveen una guía de cómo los creyentes deben interactuar con otros creyentes.

Stuart Scott y Andrew Jin escribieron un libro muy práctico sobre el tema, titulado *31 formas de servicio cristiano «unos a otros»*. En este libro, dicen: «Los pasajes unos a otros de la Escritura otorgan una muy clara orientación sombre cómo desarrollar y mantener buenas relaciones».[90]

Con esto en mente, aquí voy a dar un listado de los unos a otros con su referencia bíblica. Si estás buscando maneras prácticas de amar a otros creyentes, este es uno de los mejores lugares para empezar.

1. «… estén en paz los unos con los otros…». (Mar. 9:50)
2. «… ustedes también deben lavarse los pies unos a otros…». (Juan 13:14)
3. «… que se amen los unos a los otros…». (Juan 13:34)
4. «… como Yo los he amado, así también se amen los unos a los otros…». (Juan 13:34)
5. «… conocerán todos que son Mis discípulos, si se tienen amor los unos a los otros…». (Juan 13:35)
6. «… que se amen los unos a los otros…». (Juan 15:12)
7. «… que se amen los unos a los otros…». (Juan 15:17)

[90] Stuart Scott y Andrew Jin, *31 formas de servicio Cristiano «unos a otros»: Amar a los demás con el amor de Dios* (Ipswich, MA: Proyecto Nehemías, 2020), p. 12.

8. «Sean afectuosos unos con otros con amor fraternal…». (Rom. 12:10)
9. «… con honra, dándose preferencia unos a otros». (Rom. 12:10)
10. «Tengan el mismo sentir unos con otros…». (Rom. 12:16)
11. «… amarse unos a otros…». (Rom. 13:8)
12. «… no nos juzguemos los unos a los otros…». (Rom. 14:13)
13. «… acéptense los unos a los otros, como también Cristo nos aceptó para la gloria de Dios». (Rom. 15:7)
14. «… amonestarse los unos a los otros». (Rom. 15:14)
15. «Salúdense los unos a los otros con un beso santo…». (Rom. 16: 16)
16. «… cuando se reúnan para comer, espérense unos a otros». (1 Cor. 11:33)
17. «… tengan el mismo cuidado unos por otros». (1 Cor. 12:25)
18. «… Salúdense los unos a los otros con un beso santo». (1 Cor. 16:20)
19. «Salúdense los unos a los otros con beso santo». (2 Cor. 13:12)
20. «… sírvanse por amor los unos a los otros». (Gál. 5:13)
21. «Pero si ustedes se muerden y se devoran unos a otros, tengan cuidado, no sea que se consuman unos a otros». (Gál. 5:15)
22. «No nos hagamos vanagloriosos, provocándonos unos a otros, envidiándonos unos a otros». (Gál. 5:26)
23. «Lleven los unos las cargas de los otros, y cumplan así la ley de Cristo». (Gál. 6:2)
24. «Que vivan con toda humildad y mansedumbre, con paciencia, soportándose unos a otros en amor». (Ef. 4:2)
25. «Sean más bien amables unos con otros, misericordiosos…». (Ef. 4:32)
26. «… perdonándose unos a otros, así como también Dios los perdonó en Cristo». (Ef. 4:32)
27. «Hablen entre ustedes con salmos, himnos y cantos espirituales, cantando y alabando con su corazón al Señor». (Ef. 5:19)
28. «Sométanse unos a otros en el temor [la reverencia] de Cristo». (Ef. 5:21)

29. «… con actitud humilde cada uno de ustedes considere al otro como más importante que a sí mismo». (Fil. 2:3)
30. «Dejen de mentirse los unos a los otros, puesto que han desechado al viejo hombre con sus malos hábitos…». (Col. 3:9)
31. «Soportándose unos a otros…». (Col. 3:13)
32. «… perdonándose unos a otros, si alguien tiene queja contra otro. Como Cristo los perdonó, así también háganlo ustedes». (Col. 3:13)
33. «… enseñándose… unos a otros…». (Col. 3:16)
34. «… enseñándose y amonestándose unos a otros…». (Col. 3:16)
35. «Que el Señor los haga crecer y abundar en amor unos para con otros…». (1 Tes. 3:12)
36. «… amarse unos a otros…». (1 Tes. 4:9)
37. «… confórtense [aliéntense] unos a otros con estas palabras». (1 Tes. 4:18)
38. «… confórtense [aliéntense] los unos a los otros…». (1 Tes. 5:11)
39. «… edifíquense el uno al otro…». (1 Tes. 5:11)
40. «… exhórtense los unos a los otros cada día…». (Heb. 3:13)
41. «Considerémonos cómo estimularnos unos a otros al amor y a las buenas obras». (Heb. 10:24)
42. «… exhortándonos unos a otros, y mucho más al ver que el día se acerca». (Heb. 10:25)
43. «… no hablen mal los unos de los otros…». (Sant. 4:11)
44. «… no se quejen unos contra otros, para que no sean juzgados. Ya el Juez está a las puertas». (Sant. 5:9)
45. «… confiésense sus pecados unos a otros…». (Sant. 5:16)
46. «… oren unos por otros para que sean sanados…». (Sant. 5:16)
47. «… sean todos de un mismo sentir (tengan todos armonía)…». (1 Ped. 3:8)
48. «… sean todos … compasivos, fraternales, misericordiosos, y de espíritu humilde…». (1 Ped. 3:8)
49. «… sean fervientes en su amor los unos por los otros, pues el amor cubre multitud de pecados». (1 Ped. 4:8)

50. «Sean hospitalarios los unos para con los otros, sin murmuraciones».(1 Ped. 4:9)
51. «Según cada uno ha recibido un don especial, úselo sirviéndose los unos a los otros como buenos administradores de la multiforme gracia de Dios». (1 Ped. 4:10)
52. «… revístanse de humildad en su trato mutuo…». (1 Ped. 5:5)
53. «Salúdense unos a otros con un beso de amor fraternal». (1 Ped. 5:14)
54. «… que nos amemos unos a otros». (1 Jn. 3:11)
55. «… que nos amemos unos a otros como Él nos ha mandado». (1 Jn. 3:23)
56. «Amados, amémonos unos a otros, porque el amor es de Dios, y todo el que ama es nacido de Dios y conoce a Dios». (1 Jn. 4:7)
57. «Amados, si Dios así nos amó, también nosotros debemos amarnos unos a otros». (1 Jn. 4:11)
58. «… Si nos amamos unos a otros, Dios permanece en nosotros y Su amor se perfecciona en nosotros». (1 Jn. 4:12)
59. «… que nos amemos unos a otros». (2 Jn. 5)[91]

El amor

Jesús nos manda amarnos unos a otros. Dicho de otra forma, si somos amigos de Jesús, tenemos que amarnos unos a otros. Es fácil que las palabras «Ámense unos a otros», tan profundas, se queden en una especie de tarjetas de San Valentín cristianas, en lindos clichés o discursos religiosos que dicen lo correcto, pero que al final no tienen un sustento.

En distintas situaciones, podríamos decir:

- «Yo amo a mi iglesia», pero en realidad, no nos comprometemos.
- «Yo amo a mis hijos», pero en realidad, llegamos a casa y, en vez de amar sacrificialmente, lo que queremos es descanso y mirar fútbol.

---

[91] https://moredisciples.com/wp-content/uploads/2017/05/Los-59-versículos-Unos-a-Otros.pdf

- «Yo amo a mi cónyuge», pero en esos momentos donde al final estamos juntos, los dos nos enfocamos solo en nuestros dispositivos, ignorándonos o hablando con otro conocido a la distancia.
- «Yo amo a mis amigos», pero esto, al final, puede ser algo superficial.

Por eso debemos pensar de manera práctica en cómo vivimos esas palabras de *amarnos* unos a otros. Cuando Jesús amó, no solo lo dijo con palabras, sino con acciones; *implementó* ese amor. Por esta razón, John MacArthur afirma que «El amor es acción, y no abstracción».[92]

1 CORINTIOS 13. MÁS QUE BODAS Y TARJETITAS

Uno de los textos más conocidos de la Biblia, sin duda, es 1 Corintios 13:4-7. Al leer este pasaje tan familiar, lo que viene a la mente de muchos creyentes y no creyentes por igual es una boda, un matrimonio. Parecería que muchos creyentes piensan que el Espíritu Santo le dijo a Pablo: «Necesitamos una porción en la Biblia que se lea en las bodas, un texto que vaya en invitaciones, una sección de la Biblia para crear un telón de fondo superlindo para fotos de Instagram».

Aunque este texto sí es muy útil para aplicar al matrimonio, en realidad, su contexto es la comunidad cristiana, las relaciones interpersonales en una iglesia local. En Hechos 11, vemos que, durante su segundo viaje misionero, Pablo plantó una iglesia en la ciudad de Corinto (Hech. 11:1-4; 18:7-10), pero no todo era color de rosa. Aunque esa iglesia tuvo un buen comienzo, no maduró. Pablo les escribió entonces esta carta, ya que la iglesia estaba enfocada en tener una apariencia espiritual *sin* ser espiritual.

Si lees 1 y 2 Corintios, verás que la iglesia estaba obsesionada por verse como una congregación espiritual, específicamente con dones espirituales, pero no tenía la intención de edificar y construir una comunidad cristiana, sino tan solo satisfacer su orgullo. Querían

[92] John MacArthur, *Biblia de Estudio MacArthur* (Nashville, TN: Thomas Nelson, 1997), 1 Cor. 13:4-7.

aparentar que eran más espirituales porque su ego era gigante. Esto va de la mano con lo que dice Génesis. Después de la caída, ya no vemos a la comunidad como un lugar para amar, servir, mostrar y adorar a Dios, sino como una oportunidad de adorar, servir y amarnos a nosotros mismos. Esto es algo que, obviamente, causa división en la iglesia.

Los corintios, en lugar de practicar el «unos a otros», abusaban de los sacramentos. En vez de servirse unos a otros, unos comían y dejaban sin alimentos a los que venían después, y tomaban hasta emborracharse. En vez de instruirse unos a otros o de preferirse unos a otros, había abusos y total desorden en los servicios de adoración.

Los corintios no tenían una perspectiva de comunidad, sino de individualidad. Era una iglesia obsesionada con los dones espirituales, pero no para edificar, sino para sobresalir, para presumir. Eso permitió, además, que se produjeran grandes problemas doctrinales y morales, al punto en que esta comunidad cristiana atacó a Pablo abiertamente.

Pablo, inspirado por el Espíritu Santo, respondió con el antídoto del amor o lo que él llama el «camino más excelente» (1 Cor. 12:31).

El camino del amor

El amor es tan importante que, antes de llegar a nuestro texto en los versículos 1-3, vemos que Pablo dice que podemos hablar con ángeles, ser increíbles predicadores y tener una elocuencia maravillosa, tener conocimiento y fe, y hacer grandes actos de beneficencia, misericordia y filantropía hasta el punto de *morir*, pero, si no tenemos *amor,* de nada sirve.

Hoy en día, amigos, ¿cuáles son esas demostraciones de amistad que pueden carecer de amor y se vuelven inútiles? En el contexto de la iglesia, siempre existen oportunidades de conocer a más personas, de reunirnos, de tener estudios, pero si no hay amor, todo será en vano: las conferencias, los retiros, las capacitaciones, los grupos de hombres y mujeres, la escuela dominical, los partidos de fútbol, los tés de damas, los viajes misioneros, las reuniones de miembros, los institutos, los seguidores y amigos en redes. Todas estas cosas son inútiles, a menos que las hagamos con amor.

A continuación, veremos doce características de un buen amigo.

12

EL AMIGO QUE AMA, PARTE I

El amor es paciente, es bondadoso...
(1 Cor. 13:4)

Se dice que el amor no es un sentimiento, sino una acción. En 1 Corintios 13, en nuestras Biblias, se utilizan adjetivos para definir lo que es el amor. Por ejemplo: «El amor es paciente». Pero en el original en griego hay quince *verbos*, no adjetivos.

Antes de iniciar con las doce características de un amigo que ama, recordemos los perfiles de amistades. Cada amistad está en un continuo entre el amor bíblico y el egoísmo. Los problemas en cada perfil relacional emanan de deseos egoístas (ver gráfico).

Mientras consideras cada característica del amigo que ama, observa cómo el amor nos guarda de la frustración y los problemas en cada perfil de amistad.

UN BUEN AMIGO ES PACIENTE

Donde la NBLA dice «paciente», la Reina Valera 1960 dice «sufrido». Esa es una traducción muy útil, porque nos ayuda a entender mejor esta palabra. Cuando pienso en ser paciente, normalmente viene a mi mente esperar de manera bastante neutra por algo, como por ejemplo, mi pedido de café. O cuando mis hijos terminan de comer, salen a jugar y, en menos de una hora, vuelven y actúan como que no han comido en días. Mi esposa y yo estamos conversando con alguien y decimos: «Hijo, seamos pacientes, dame un momentito. Déjame terminar esta conversación y te ayudo».

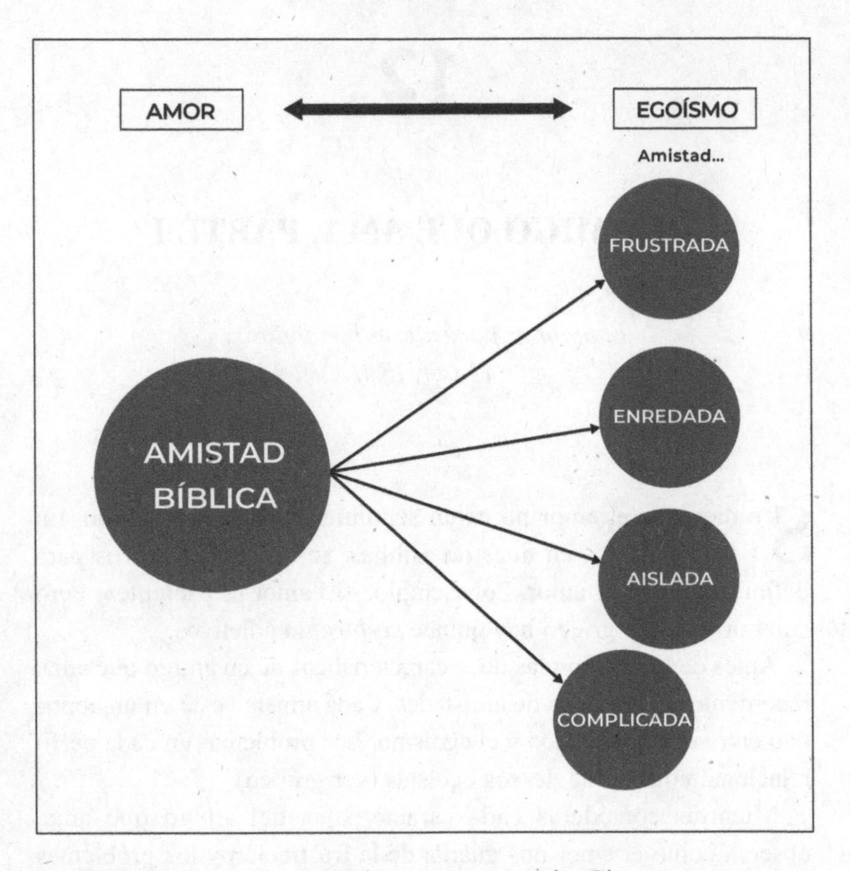

Obviamente, no se trata de una emergencia. Si no comen, no se producirá un daño irreparable en sus cuerpos. Ellos pueden esperar. Sí, quizás haya un poco de incomodidad, pero en realidad es una espera por algo que trae beneficio. Entonces, tanto mis hijos como yo esperamos con paciencia porque entendemos que los beneficios sobrepasan la incomodidad.

Sin embargo, esa no es la idea del texto. El término que se utiliza en 1 Corintios 13:4 tiene la idea, en el griego, de alguien que permanece templado, incluso mientras sufre circunstancias difíciles. Me gusta cómo se traduce esta palabra en la versión en inglés YTL (Young´s Literal Translation): «*long-suffering*». *Long* significa «largo», mientras que *suffering* es «sufrimiento» (y aquí tienes una clase de inglés gratuita).

Otra forma en la que se podría traducir el término es «longanimidad». La Real Academia Española define la longanimidad como la «grandeza y constancia de ánimo en las adversidades».[93]

Entonces, *long-suffering* nos da la idea de soportar en medio del sufrimiento. Hablando de definiciones, un pastor cita al puritano Thomas Adams, quien afirma: «La paciencia o longanimidad es aquella virtud que prefiere sufrir el mal y no hacer nada, antes que hacer el mal y no sufrir nada».[94]

Esta la misma palabra que usa el escritor de Hebreos al referirse a Abraham en Hebreos 6:15. La vida de Abraham no fue un viaje en primera clase con su bebida favorita en la mano. Hubo momentos difíciles, sufrimiento, tuvo que afrontar los efectos de su pecado y del pecado de otros.

La longanimidad es, además, el término que Santiago, el hermano de Jesús, utilizó en Santiago 5:7 para referirse a la venida del Señor. Notemos que esta paciencia, el aguantar bajo presión, es algo que se espera de cada creyente.

Debido a que, en la persona de Jesús, hemos experimentado el amor paciente que soportó bajo tanta presión, ahora extendemos ese amor a todas las áreas de nuestra vida, incluidas nuestras amistades.

Isaías 53 describe cómo Cristo fue sacrificado por nuestros pecados. Jesús, nuestro mejor amigo, no reaccionó con ira cuando lo estábamos crucificando. No respondió como nosotros lo hacemos cuando alguien no nos valora, no nos responde, nos hace esperar, sino que nos amó, pese a que somos pésimos amigos. Es por eso, amados, que somos animados a ser «*pacientes* con todos» (1 Tes. 5:14).

Implicaciones de la paciencia

En las amistades es fácil irse a uno de dos extremos. En primer lugar, podríamos tomar la decisión de mostrar longanimidad solo con nuestros amigos más cercanos, pero con nadie más. Sin embargo, Dios

---

[93] https://dle.rae.es/longanimidad

[94] Dr. T. Scott Christmas, *Love is unmistakable.* https://subsplash.com/nccphx/sermons/mi/+h8yeymx

nos llama a ser pacientes con todos. En Su providencia, cuando vives con este amor, no sabes de qué manera Dios está tejiendo relaciones sin que lo sepamos. Podemos caer en el otro extremo también cuando tratamos con paciencia a todos menos a los más cercanos, porque ellos «ya deberían saber lo que me molesta, lo que no me gusta, lo que no se hace conmigo».

Como mencionamos en el capítulo anterior, muchas personas se pierden de amar y, por ende, de crecer en su amistad, porque apenas hay tensión salen corriendo y no aman. Pensamos que, cuando hay conflictos, eso automáticamente significa que no podemos ser amigos. Sin embargo, después de la caída, esto es normal. Una amistad que se rompe fácilmente bajo la más mínima tensión demuestra en realidad que no había amistad verdadera.

Muchas veces actuamos como colibríes: vamos de plantita en plantita, de florcita en florcita, buscando dónde picar por un tiempo, hasta que se pone un poquito difícil y salimos a otro lado. De este modo, la calidad de nuestras relaciones se mantiene a ese nivel tan superficial.

Una persona dijo que, si puedes viajar con alguien y todavía se mantiene esa relación, sabes que tienes un amigo de verdad. A esto le añadiría tomar unas vacaciones o pasar tiempo en situaciones difíciles que revelan cómo eres (como cuando no has dormido bien).

En la comunidad cristiana podemos mantener amistades superficiales, pero apenas hay un poquito de tensión, nos alejamos o manipulamos las relaciones para mantener el control y ni siquiera damos lugar a la perspectiva de la longanimidad. ¿Por qué? Porque alejamos al otro apenas hay un poquito de tensión. Apenas empezamos a sentir un poquito de presión, nos abrimos y vamos a otro lado donde no haya tensión.

Al morir por nosotros, Cristo demostró que puedes ser amigo con personas con las que tienes tensión. «El hierro con hierro se afila, y un hombre aguza a otro» (Proverbios 27:17). Si has tenido el privilegio de tener amistades donde hubo tensión y esto se manejó bíblicamente, te darás cuenta de la gran bendición de esos momentos. Puedes ver la hermosa y nueva profundidad y fortaleza en esa amistad.

Esto es tan opuesto a la cultura. Vivimos en un tiempo de microondas, de relaciones instantáneas, donde, si algo se quema, solo lo botas en la basura, tomas otro y lo metes nuevamente al microondas. Tristemente hacemos lo mismo con nuestras amistades y con nuestras iglesias. Pero la Palabra nos exhorta a que estemos listos para soportar la presión anclados en Cristo.

La paciencia de manera práctica en la amistad

En primer lugar, observemos la familia. Es increíble cómo el Espíritu Santo obra cuando hay fallas en la comunicación en la pareja o cuando nuestros hijos no obedecen como quisiéramos. Muchas veces quisiéramos salir corriendo de esa presión, pero no nos damos cuenta de que el Señor nos pone en ese punto de conflicto para amar con longanimidad a nuestro cónyuge y a nuestros hijos.

Cuando enfrentamos la desobediencia de nuestros hijos, es un buen momento para reconocer que no siempre obedecemos a Dios a la primera. La tensión en las relaciones interpersonales es un instrumento del Señor, que es soberano en todas esas situaciones, porque quiere hacer algo en nuestro corazón cuando nos cuesta ser pacientes.

En cuanto a las amistades, nuestra falta de paciencia sale a flote cuando el amigo no responde los mensajes de texto o no nos contesta cuando llamamos. Armamos una agenda para nuestras amistades y, apenas las personas no cumplen con estas expectativas, dejamos de ser pacientes. ¿Por qué? Porque nos parece que no tienen el mismo nivel de compromiso que nosotros en la amistad, y decidimos que no vale la pena. Solemos poner todo tipo de estándares y no somos longánimos.

Pero eso no es ser un buen amigo. La amistad verdadera busca el bien espiritual de la otra persona, incluso cuando estás bajo presión. Cuando la tentación para nosotros siempre será salir corriendo, el amigo bíblico espera con sus ojos en Cristo, clama a Dios y comprende que el amor no pone una línea de tiempo perfecta ni estándares.

Toma un tiempo para meditar en cuáles son esas relaciones en tu vida en las que existe esa presión que hace que quieras salir corriendo.

¿Cuál es una relación en tu vida en la cual no se ve un buen nivel de intimidad, de cariño bíblico? Reconoce que Dios tiene un plan para transformar tu corazón en uno que ama con paciencia. Que el Señor nos ayude y nos haga conformes a Cristo, que nos recuerde que en Él podemos y que hay esperanza para todo tipo de relaciones.

UN BUEN AMIGO ES ACTIVAMENTE BUENO

En segundo lugar, el texto de 1 Corintios 13:4 dice que el amor es bondadoso. Esta palabra en esta forma ocurre solo aquí en todo el Nuevo Testamento. La versión Reina-Valera la traduce como «benigno».

Ahora, ser bueno y bondadoso nos trae un problema. Se puede creer que las iglesias están llenas de buena gente. De hecho, ante los ojos del mundo, ser cristiano conlleva la idea de ser «buenitos». Por lo regular, la iglesia es el lugar donde las personas, debido a que han tenido una experiencia con Dios, ya no se consideran «mala gente». Pensamos: *En comparación con mis amigos del mundo, no hago cosas malas*, porque en realidad nos cuidamos de ciertos vicios, no nos reímos de algunos chistes y no participamos de varias cosas.

Sin embargo, podemos terminar otra vez en un estado neutro. Como vimos en el punto anterior, el amor es paciente, pero no de una forma pasiva. De manera similar, veremos que para vivir con un amor bondadoso hace falta más que ser buenitos, más que ser personas que no causan problemas. Este era precisamente el problema de Francisco y Ricardo en el capítulo 8. Ser bondadosos significa que, al mismo tiempo que tratamos de no hacer lo «malo», corremos con celo para activamente hacer el bien. Se trata de más que ser una «buena persona»; se trata de correr en pos del ejemplo de Cristo.

Si observamos cómo en el Nuevo Testamento se utilizan palabras afines, podremos encontrar la profundidad de lo que esto implica.

> Jesús dice: «Porque Mi yugo es *fácil* y Mi carga ligera» (Mat. 11:30).

Pablo indica: «Sean más bien *amables* unos con otros, misericordiosos, perdonándose unos a otros, así como también Dios los perdonó en Cristo» (Ef. 4:32). Además, advierte: «No se dejen engañar: "Las malas compañías corrompen las buenas costumbres"» (1 Cor. 15:33).

Pedro dice: «Si es que han probado la *bondad* del Señor» (1 Ped. 2:3).

En los Evangelios, Lucas también usa esta palabra: «Y nadie, después de beber vino añejo, desea vino nuevo, porque dice: "El añejo es *mejor*"» (Luc. 5:39).

Al analizar el rango del significado de esta palabra, notamos que un buen amigo no es solo «buena gente», sino que es un amigo que hace la vida más fácil o mejor; alguien amable, que busca no incomodar ni causar malestar; alguien útil, benevolente.

Una amistad bíblica es una en la que ambas personas buscan ser de bendición, de provecho y edificarse mutuamente. Además, observa que tenemos los dos lados de la misma moneda. Por un lado, está la paciencia, y por el otro, la bondad. En las amistades, la bondad es una acción que va de la mano con la paciencia. Eso fue lo que Cristo hizo por nosotros: «¿O tienes en poco las riquezas de Su *bondad*, tolerancia y *paciencia*, ignorando que la bondad de Dios te guía al arrepentimiento?» (Rom. 2:4).

Nuestra amistad con Cristo está basada en estos dos principios que ahora extendemos a otros. Y al poner en práctica estas dos características, ellas nos cambian a nosotros, porque no extendemos bondad y paciencia porque «yo soy muy paciente» o «yo soy muy bondadoso», sino como reflejo de nuestra unión con Cristo. Necesitamos llenarnos de Cristo para poder hacerlo.

Un buen amigo no solo soporta, sino que actúa de maneras beneficiosas, incluso cuando la otra persona no se lo merece. Pero tenemos a Cristo como ejemplo: Él murió por nosotros pese a que éramos enemigos.

Por otro lado, esta definición nos muestra que el amor es activo. La bondad no es pasiva. Cristo actuó de manera bondadosa no solo con palabras, sino también con acciones. La bondad de Dios se manifestó y curó enfermedades, hizo milagros y, en última instancia, murió en una cruz (Tito 3:4-6).

Un buen amigo, un amigo bondadoso, ama de maneras prácticas, porque la bondad es activa. Yo diría que la bondad es los guantes de trabajo del amor. La bondad es el amor que se dobla las mangas para esforzarse por el bien de otra persona.

Esto es clave al buscar amistades. Cuántas amistades se forjan cuando dos personas toman una escoba y empiezan a servir, cuando dos papás en un evento se ponen a arreglar el cuarto y los juguetes que sus hijos desordenaron, cuando dos personas se convierten en amigas al servir juntas, cuando un grupo imperfecto de pastores, en la trinchera, sirve al redil que se les ha encomendado. Las amistades nacen cuando entramos en el mundo de otra persona, aunque sea diferente de nosotros.

Recuerdo hablar con una hermana cuyas mejores amigas eran mujeres que estaban en otra etapa de la vida. Esta persona lo entendía y sabía que, si quería ser discipulada, necesitaba ser amiga y ser útil; es decir, poner la bondad en acción en situaciones de la vida cotidiana como cuando sus amigas cuidaban a los niños y ella ayudaba quizás con la limpieza. Esta es una receta clave para las amistades.

En mi tiempo en la universidad, asistí a una reunión para ver un partido de fútbol americano. Una familia hospitalaria abrió su casa y, de un momento a otro, algo se regó en el piso, los niños se pusieron a llorar y estalló el caos. Hubo dos respuestas: por un lado, estaban los que pusieron cara de «¡oh, no!», pero no se ofrecieron; por otro lado, los que se levantaron y empezaron a limpiar. La bondad anticipa necesidades, está pendiente, toma la iniciativa y no se queda solo en expresiones y palabras.

Y aquí es donde vemos el otro lado de la bondad y la paciencia. Ya que el amor bondadoso, busca lo mejor para los demás. Esto nos convierte en personas con las cuales es más fácil ser paciente.

Podríamos decir que una buena amistad es aquella en la cual el amor hace que sea más fácil soportar y ser paciente uno con otro.

Finalmente, la bondad hace todo lo que hemos dicho, pero lo hace con gentileza o ternura. El amor no sirve de manera cruel, no lo hace de manera brusca, con dureza. El amor es paciente, el amor es bondadoso.

«Antes bien, amen a sus enemigos, y hagan bien, y presten no esperando nada a cambio, y su recompensa será grande, y serán hijos del Altísimo; porque Él es bondadoso para con los ingratos y perversos» (Luc. 6:35).

La bondad de manera práctica en la amistad

¿Eres de las personas que dicen «oh, no», pero no se levantan a ayudar?

¿Cómo evalúas tu vida en cuanto a ser una persona bondadosa, es decir, útil?

¿De que maneras prácticas puedes servir a tus amigos esta semana?

A veces, tenemos el deseo de ser útiles, pero no sabemos cómo. En esos momentos, podemos orar y pedirle al Señor que nos ayude a morir a nosotros mismos y, en humildad, buscar maneras de aprender a ayudar al prójimo.

13

EL AMIGO QUE AMA, PARTE II

... El amor no tiene envidia; el amor no es jactancioso...
(1 Cor. 13:4)

La lista de características ahora se enfoca en componentes negativos. Los eruditos consideran que estos aparecen como una manera de corregir el comportamiento normal de los corintios.[95] En otras palabras, eran malos amigos. Mientras consideramos las siguientes características, pidámosle a Dios humildad, ya que es muy posible que encontremos también en nosotros estas actitudes opuestas al amor.

UN BUEN AMIGO NO ES ENVIDIOSO

La palabra en el original es *zeloi,* de donde viene la palabra «celo». Tiene la idea de mostrar gran interés por algo de manera positiva o negativa. De manera positiva, conlleva la idea de anhelar algo. Dios mismo tiene este celo en Su perfecta santidad: «Por tanto, así dice el Señor Dios: "Ahora restauraré el bienestar de Jacob, y tendré misericordia de toda la casa de Israel, y me mostraré *celoso* de Mi santo nombre"» (Ezeq. 39:25).

De manera negativa, el celo es tener un interés excesivo por algo que nos lleva a luchar o a rivalizar. Los corintios fácilmente se ponían

[95] Gordon D. Fee, *The First Epistle to the Corinthians*, en *The New International Commentary on the New Testament* (Grand Rapids, MI: Wm. B. Eerdmans Publishing Co., 1987), p. 636.

celosos de otros en su comunidad. Sentían envidia de aquellos a los que aparentemente les estaba yendo mejor. «Pues habiendo celos y discusiones entre ustedes, ¿no son carnales y andan como hombres del mundo?» (1 Cor. 3:3).

En vez de celebrar que a otros les iba bien, los corintios se ponían celosos. Amados, la envidia es algo que arruina a la comunidad cristiana y mata amistades. Este fue el problema de Adán y Eva, incluso el de Satanás. La envidia es el motivo por el que la frase «serás como Dios» toma raíz. En la iglesia primitiva hubo acontecimientos similares. Cuando los judíos se dieron cuenta de que habían dejado de ser el centro de la atención, tuvieron *envidia* (Hech. 17:5).

La Palabra de Dios nos enseña que la envidia está en la raíz de las guerras y los conflictos: «Ustedes codician y no tienen, por eso cometen homicidio. Son envidiosos y no pueden obtener, por eso combaten y hacen guerra. No tienen, porque no piden» (Sant. 4:2).

La envidia se encuentra detrás de nuestros problemas relacionales (Hech. 7:9). En el Antiguo Testamento leemos sobre los problemas entre David y Saúl, que comenzaron cuando el rey empezó a sentir envidia por el joven David. «Las mujeres cantaban mientras tocaban, y decían: "Saúl ha matado a sus miles, y David a sus diez miles". Entonces Saúl se enfureció [...]. De aquel día en adelante *Saúl miró a David con recelo*» (1 Sam. 18:7-9).

La envidia que Saúl sentía respecto de David llevó al primer rey de Israel a lidiar con pensamientos de paranoia que lo condujeron a despreciar a su propio hijo, a querer controlar a las personas e incluso a perseguir sin razón a David durante meses para quitarle la vida. Los celos se apoderaron de él. Por eso, el libro de Proverbios señala: «Cruel es el furor e inundación la ira; pero ¿quién se mantendrá ante los celos?» (Prov. 27:4).

Otro ejemplo trágico se puede encontrar en el relato del hijo pródigo. El hermano mayor, en vez de celebrar que su hermano volvió, en lugar de festejar la felicidad de su papá, de la familia y de la comunidad, dejó que su corazón celoso arruinara el momento.

Eso hace la envidia. Echa a perder los momentos de gozo, que deberían ser celebrados. No solo destruye amistades a nivel horizontal, sino que la envidia en realidad es un ataque a la bondad de Dios.

Implicaciones

La envidia en las amistades se muestra cuando nos intimida ver que alguien se empieza a hacer amigo de *tu* amigo. Los celos nos hacen creer que siempre estamos en competencia por acaparar la amistad y la cercanía con una persona, en lugar de celebrar la unidad en el cuerpo de Cristo. Con el tiempo, esa intimidación se puede convertir en ira, en victimización o, como en el caso de Saúl, en paranoia. La ira se manifiesta con autoprotección o con palabras y actos hirientes. La victimización lleva a la autoconmiseración, que alimenta la mentira de que nadie nos ama y estamos solos, y finalmente nos quita el enfoque de la misericordia y el carácter de Dios.

El año pasado, en mi cumpleaños, pude experimentar la tentación de este pecado de manera clara. Estaba en Machu Picchu con mi mejor amigo y otro amigo también muy querido. Fue un momento hermoso. Sin embargo, como ya no vivo en la misma ciudad que ellos (presencia) su amistad ha crecido y no soy parte de su día a día. En vez de alegrarme de la oportunidad de celebrar, me vi tentado con la envidia y los celos.

En la Biblia encontramos un mejor ejemplo con un personaje poco conocido. Vemos que el apóstol Pablo, que estaba en la cárcel, envió a un hombre llamado Tíquico. Este era un creyente de Asia y, aunque solo se lo menciona cinco veces en el Nuevo Testamento, es un hombre que debemos conocer e imitar.

Al final de Efesios, Pablo dice: «Pero a fin de que también vosotros sepáis mi situación y lo que hago, todo os lo hará saber Tíquico, amado hermano y fiel ministro en el Señor, a quien he enviado a vosotros precisamente para esto, para que sepáis de nosotros y para que consuele vuestros corazones» (Ef. 6:21-22, LBLA). Este texto demuestra que Tíquico era cercano a Pablo. Pablo tenía un nivel de transparencia con Tíquico para que él pueda contarles de su situación. Sin embargo, también podemos observar que este amigo estaba dispuesto a hacerse a un lado si la ocasión lo ameritaba y por el bien de Pablo.

En las cartas pastorales, específicamente en Tito 3:12 y 2 Timoteo 4:12, Pablo encomienda a Tíquico para que fuera a Creta y a Éfeso para tomar el lugar de Tito y Timoteo, de modo que ellos pudieran visitar a su amigo. Tíquico no está pensando: «Pablo, ¿Acaso no soy suficiente?». Al contrario, el deja su lugar junto a Pablo para que él pudiera tener comunión con otros hermanos también queridos para él.

La envidia también se muestra a través de los celos en el momento que otra persona recibe más atención que tú. A veces queremos mal llamarlo «discernimiento», «conocimiento» o «cuidado», cuando en realidad hay un corazón crítico y sospechoso de la gente porque no queremos que nadie tome nuestro lugar. Nos enoja cuando otra persona recibe más atención, estima u honor. Nos sentimos amenazados y manipulamos las situaciones para vernos mejor, por ejemplo, al maximizar el pecado de otros y minimizar el nuestro.

Esto también puede ocurrir en el ministerio. En ocasiones reaccionamos con envidia cuando vemos a otra persona con más dones o que está teniendo éxito en su servicio al Señor. Pero los celos son un ataque a la comunidad y un obstáculo para la verdadera amistad. La envidia te hace un mal amigo y, de repente, como Saúl, puedes caer en paranoia y en pensamientos destructivos que se notan. Esto hace que los demás se sientan intimidados y, en consecuencia, la relación vive un drama constante y se vuelve muy frágil.

La envidia te convierte en un mal amigo porque no serás paciente ni bondadoso si solamente estás enfocado en ti. Piensa en cuáles son las cosas que te intimidan. ¿La inteligencia de otra persona? ¿Su apariencia o su dinero? ¿Sus logros? ¿Su vida romántica o su estado civil? ¿Su sentido del humor? ¿Los sellos en su pasaporte? ¿Su número de seguidores? La envidia no permite que puedas ser el amigo que Dios te pide que seas, sino que transforma tu corazón y lo convierte en una amenaza.

Un amigo amoroso no cae en la envidia cuando otros reciben la gracia del Señor. Es pecado cuando, en lugar de celebrar estas evidencias de la bondad de Dios y alegrarnos con nuestro prójimo, nos enojamos o resentimos. El problema detrás de la envidia es que es un ataque a la soberanía, la sabiduría y la bondad de Dios. Tal vez la mayoría de nosotros nunca le diría: «Dios, eres malo», pero es exactamente lo que le decimos cuando nos enojamos y sentimos celos por el prójimo.

Sin embargo, hay esperanza. Si te sientes así, confiésalo al Señor. Arrepiéntete.

Finalmente, la envidia emana del corazón que no está seguro en el amor del Amigo perfecto. Debido a que busco en otros lo que solo Cristo me puede dar, me pongo celoso porque siento que lo que otros tienen debería ser para mí.

Amados, todo el que está en una relación viva con el Amigo perfecto, Cristo, es una persona que:

1. no es exclusiva con sus amistades en forma pecaminosa;
2. no tiene miedo de ser reemplazada, sino que confía en la soberanía de Dios; y
3. celebra la diversidad de dones, aptitudes, personalidades, etc.

Si quieres ser un buen amigo, apóyate en Cristo y deja que Su amor paciente y bondadoso fluya de una manera que no siente envidia.

UN BUEN AMIGO NO ES PRESUMIDO

El texto de 1 Corintios 13:4-8 dice, además, que el amor no es jactancioso. Según el diccionario de la RAE, jactarse es «alabarse excesiva y presuntuosamente, con fundamento o sin él y aun de acciones criminales o vergonzosas».[96]

Esta palabra solo ocurre aquí en el Nuevo Testamento. La idea literal de esta palabra es la de ser un fanfarrón o un charlatán. Es interesante porque este concepto va de la mano con el anterior. El envidioso busca lo que otros quieren, y la persona jactanciosa procura

[96] https://dle.rae.es/jactar

que otros quieran lo que ella tiene. En otras palabras, desea que otros caigan en envidia. Ambos atacan las amistades y la armonía en la comunidad bíblica.

Una vez más, vemos cómo el amor protege a la comunidad cristiana y a nuestras amistades. Ante el engaño de creer que, si somos muy pacientes, los demás se van a aprovechar de nosotros, una comunidad donde realmente se ama con paciencia y bondad no permite que esto ocurra. El amor no tiene envidia ni permite que alguien quiera presumir. Este es amor en acción.

Desde la perspectiva bíblica, el problema de la persona que se jacta es que busca su propia gloria y la alabanza de otros, cuando el único que merece gloria es Dios. Al jactarnos, demandamos la adoración y alabanza del prójimo, lo que nos convierte en ladrones de gloria. La jactancia no nos deja ayudar a que los demás vean a Dios, ya que estamos muy ocupados en procurar que nos vean a nosotros. Y, si estamos enfocados en que la gente nos vea solo a nosotros, no podremos servir ni amar a Dios y al prójimo. Esto nos convierte en malos amigos.

Sin embargo, el Amigo perfecto nos dio Su ejemplo. La Biblia dice que Cristo «aunque existía en forma de Dios, no consideró el ser igual a Dios como algo a qué aferrarse, sino que se despojó a Sí mismo tomando forma de siervo, haciéndose semejante a los hombres. Y hallándose en forma de hombre, se humilló Él mismo, haciéndose obediente hasta la muerte, y muerte de cruz» (Fil. 2:6-8).

Consideremos que Cristo es:[97]

1. Manso
2. Humilde
3. Templado
4. Bueno
5. Santo

---

[97] https://bibliasholman.lifeway.com/wp-content/uploads/2018/06/Nombres-y-atributos-de-Jesús.pdf

6. Justo
7. Misericordioso
8. El alfa y la omega
9. El amado
10. El amigo de pecadores
11. El autor de la salvación
12. El autor y consumador de la fe
13. El escogido de Dios
14. El primero y postrero
15. Dios con nosotros
16. La estrella resplandeciente de la mañana

Esto es increíble, porque Cristo es el único que tiene algo de qué jactarse, pero nunca lo hizo.

Nosotros, aunque no tenemos nada de qué jactarnos, sentimos la tentación y tenemos la tendencia de hacerlo. En Corinto, había personas que afirmaban tener sabiduría (1 Cor. 3:18), conocimiento (1 Cor. 8:2), que decían ser espirituales (1 Cor. 14:37), pero su enfoque no era usar eso para amar al prójimo, sino para ser vistas.

La realidad es que no es posible jactarse y amar al mismo tiempo. No podemos ser realmente amigos bíblicos si estamos ocupados buscando sobresalir, en lugar de servir. El verdadero amigo se inclina al prójimo y no a él mismo.

Este problema no solo es de los corintios, sino también de otros en la Biblia. A los fariseos les gustaba jactarse. En Lucas 18:9-14, Jesús nos cuenta la historia de un fariseo que se jactaba de no ser igual a un publicano. En Corinto, otros se jactaban porque tenían gran elocuencia. De hecho, querían minimizar a Pablo porque él no se jactaba, ¡y veían esto como algo malo!

Amado, la jactancia destruye la comunidad y las iglesias. Si en el punto anterior pensamos en áreas que nos ponen incómodos y exprimen la envidia de nuestro corazón, debemos pensar de la misma forma en las áreas de las cuales solemos querer presumir, y que deseamos que otros vean.

Una vez más, un corazón jactancioso no está seguro en nuestro Amigo perfecto. Y como no estoy seguro en Cristo, necesito presumir delante de los demás. Utilizo a mi comunidad y a mis amistades para esconder mis inseguridades.

Entonces, ¿cómo se ve esto en las amistades?

¿Eres esa persona que hace que cada reunión se trate de ti? La jactancia se ve cuando, al pasar tiempo con otros, hay un monólogo de tu parte con algunas interrupciones de otras personas. ¿Eres la persona que mueve la conversación a los temas que te interesan? ¿Eres experto en traer la conversación a una historia, un evento o algo de tu vida que hayas aprendido, leído o que te haya pasado?

Amado, tengo dos advertencias. En primer lugar, recuerda que: «En las muchas palabras, la transgresión es inevitable, pero el que refrena sus labios es prudente» (Prov. 10:19). Cuando hablamos de más, el pecado es inevitable.

En segundo lugar, un buen amigo quiere saber de otros. Un verdadero amigo busca que otros brillen y reciban ánimo. Esto no significa que, si alguien te pregunta cómo estás, no puedas contarle de tu vida. Más bien, debes pensar en cómo puedes compartir de manera que ambos salgan edificados y Dios sea exaltado.

Algunos pasajes que podemos considerar al reflexionar acerca de la jactancia son:

> Que te alabe el extraño, y no tu boca; el extranjero, y no tus labios. (Prov. 27:2)
>
> Porque en virtud de la gracia que me ha sido dada, digo a cada uno de ustedes que no piense de sí mismo más que lo que debe pensar, sino que piense con buen juicio, según la medida de fe que Dios ha distribuido a cada uno. (Rom. 12:3)

Para mí ha sido hermoso aprender de hermanos que han servido durante años en el ministerio. Al pensar en estos grandes siervos de Dios, uno esperaría ver en ellos la actitud de querer enseñar lo que han aprendido en todo el tiempo de su ministerio, pero es lo contrario.

Más bien, hacen preguntas. ¿Cómo te va en el arte de hacer buenas preguntas? Esto supone disciplina. Es algo que veo en consejería. Uno de mis instructores solía decir que nos encanta hablar de nosotros mismos.

Finalmente, hablando de la jactancia, ten cuidado, porque quizás tú no eres jactancioso pero buscas amigos que se jacten por ti. Si bien es cierto que podría ser edificante cuando nos animamos unos a otros, muchas veces solo buscamos amistades que constantemente nos digan qué geniales, inteligentes, creativos o artísticos somos.

No debemos confundir la lisonja con el llamado bíblico de animarnos unos a otros: «Por tanto, **alentaos** los unos a los otros, y edificaos el uno al otro, tal como lo estáis haciendo» (1 Tes. 5:11, LBLA). Esto es un problema en las redes sociales, donde fácilmente el propósito de los comentarios y los «me gusta» puede no ser edificar o alentar, sino simplemente lograr la adulación y el acercamiento que a nuestro corazón le encanta.

El apóstol Pablo nos recuerda: «Para que, tal como está escrito: EL QUE SE GLORÍA, QUE SE GLORÍE EN EL SEÑOR» (1 Cor. 1:31). Y también: «Pero jamás acontezca que yo me gloríe, sino en la cruz de nuestro Señor Jesucristo, por el cual el mundo ha sido crucificado para mí y yo para el mundo» (Gál. 6:14).

Las amistades bíblicas son aquellas que exaltan a Cristo, no a las personas. Un buen amigo busca la gloria del Señor y lo que llena su corazón es que Cristo lo ha salvado.

14

EL AMIGO QUE AMA, PARTE III

... no es arrogante. No se porta indecorosamente;
no busca lo suyo, no se irrita, no toma en cuenta el mal recibido.
El amor no se regocija de la injusticia, sino que se
alegra con la verdad.
(1 Cor. 13:4-6)

Hasta ahora hemos visto que, según 1 Corintios 13:4-8, un buen amigo es paciente, es activamente bueno, no es envidioso ni presumido. El texto continúa y dice que el amor «no cs arrogante». La versión Reina-Valera lo traduce como «no se envanece». El término significa estar inflado o hinchado. Por tanto, podemos decir que…

UN BUEN AMIGO ES HUMILDE

Al estudiar este pasaje notamos que sucede algo muy interesante y esclarecedor. Esta palabra se encuentra siete veces en el Nuevo Testamento, y seis ocurren en 1 Corintios:

> … para que en nosotros aprendan a no sobrepasar lo que está escrito, para que ninguno de ustedes se vuelva *arrogante* a favor del uno contra el otro. (1 Cor. 4:6)
>
> Algunos de ustedes se han vuelto *arrogantes*, como si yo no hubiera de ir a verlos. (1 Cor. 4:18)

> ¡Y ustedes se han vuelto *arrogantes* en lugar de haberse entristecido, para que el que de entre ustedes ha cometido esta acción fuera expulsado de en medio de ustedes! (1 Cor. 5:2)

> En cuanto a lo sacrificado a los ídolos, sabemos que todos tenemos conocimiento. El conocimiento *envanece*, pero el amor edifica. (1 Cor. 8:1)

> El amor es paciente, es bondadoso. El amor no tiene envidia; el amor no es jactancioso, no es *arrogante.* (1 Cor. 13:4)

Por tanto, se podría decir que esta característica del corazón es una de las principales en esta definición de amor que busca resolver los problemas de los corintios. De hecho, este distintivo nos ayuda a entender el resto de las características del amor. Por ejemplo:

> Si soy orgulloso, no seré paciente ni bondadoso, porque es algo que los demás deben ser conmigo.

> Si soy orgulloso, pienso que merezco más de lo que tengo y por eso tengo envidia.

> Si soy orgulloso, cuando tengo algo no lo querré compartir, pero sí deseo jactarme.

> Si soy orgulloso, pienso que soy más importante que otros y buscaré solo lo que es mejor para mí.

> Si soy orgulloso, estoy siempre recordando cómo otros me fallan.

Además, el orgullo es lo que está en el corazón de todos los problemas. La Biblia dice: «Delante de la destrucción va el *orgullo*, y delante de la caída, la arrogancia de espíritu» (Prov. 16:18). El problema con un ángel precioso fue que «se enalteció [su] corazón a causa de [su] hermosura; [corrompió su] sabiduría a causa de [su] esplendor» (Ezeq. 28:17).

La Palabra de Dios nos advierte: «No hagan nada por *egoísmo* o por *vanagloria*, sino que con actitud humilde cada uno de ustedes considere al otro como más importante que a sí mismo, no buscando cada uno sus propios intereses, sino más bien los intereses de los demás» (Fil. 2:3-4).

Al hablar sobre los requisitos para los ancianos, Pablo afirma en 1 Timoteo 3:6 que el líder no tiene que ser «un recién convertido, no sea que se envanezca y caiga en la condenación en que cayó el diablo».

La persona orgullosa o arrogante piensa que es la mejor, que es superior al resto. Cuando ve a las demás personas, siempre se compara y trata de buscar los aspectos en lo que es mejor. Es difícil ser un buen amigo cuando tu enfoque no es amar a las personas sacrificialmente, sino demostrar cómo eres mejor que ellas. No se puede mantener una amistad con alguien que ve a otros siempre como más pequeños.

Ahora, si nos preguntamos si somos orgullosos, lo primero que haremos será intentar identificar las manifestaciones clásicas de orgullo en nuestra vida, pero el orgullo tiene manifestaciones muy sutiles. Estas son difíciles de ver en nuestras vidas, pero las vemos en los demás.

Al pensar en la sutileza del orgullo, recuerdo que hace unos años nos sentamos con unos amigos a ver una sesión de una conferencia, y el tema era el orgullo. Queríamos aprender de este tema y nos sentamos con Biblia, pluma y cuaderno de apuntes en mano. Pero Dios tenía otro plan. Al final de la sesión, todos teníamos los ojos llenos de lágrimas al darnos cuenta de qué tan sutil es el orgullo y cuán arrogantes éramos.

El expositor dio una lista de manifestaciones del orgullo. Quisiera mencionar unas pocas, pero puedes encontrar la lista completa en el libro *El esposo ejemplar: Una perspectiva bíblica*.

La arrogancia se manifiesta en el creyente como falta de gratitud, ira, hablar mucho, pero también hablar poco, buscar independencia o control. Además, el corazón orgulloso está consumido por lo que otros piensan. La arrogancia no admite los errores, no pide perdón, es sarcástica, hiriente y degradante. Es irritable e impaciente, usa tácticas para llamar la atención. La persona orgullosa no tiene relaciones cercanas y es autosuficiente.[98]

Podemos darnos cuenta, entonces, de que el orgullo no es solo eso que claramente es arrogante, sino que puede estar fácilmente escondido y operando en actitudes cotidianas. ¿Cómo estamos luchando contra la arrogancia? El orgullo es lo opuesto al amor cristiano.

Una persona orgullosa no se percibe como un siervo de Cristo y una herramienta de Dios en la vida de otros, sino como «un regalo de Dios en la vida de otros». En nuestra arrogancia creemos que todas nuestras relaciones dependen de nosotros cuando, en realidad, dependen de Cristo. Somos llamados a ser siervos porque Cristo fue siervo.

El orgulloso no provee un contexto de crecimiento, edificación mutua o vulnerabilidad bíblica, sino un ambiente de intimidación, temor y preocupación. Pero un amigo no es una persona que dice con orgullo: «Tú no sabes quién soy», sino: «Tú no sabes quién es Cristo».

Lo opuesto al orgullo es la humildad. Jonathan Edwards dijo: «Nada coloca al cristiano tan fuera del alcance del diablo como la humildad».[99] No hay nada que nutra y ayude a que una amistad florezca más que la humildad bíblica. La mejor manera de evitar el orgullo es fomentando la humildad con los ojos puestos en nuestro mejor Amigo. Jesús dijo: «Pero el mayor de ustedes será su servidor. Y cualquiera que se engrandece, será humillado, y cualquiera que se humille, será engrandecido» (Mat. 23:11-12).

Esto es clave, porque la humildad y la bondad (la segunda característica de la lista) van de la mano. Una amistad humilde es útil para nuestra alma. La persona humilde te anima, celebra tus logros y afirma las áreas de ganancia en tu vida. Al mismo tiempo, un buen amigo te dará la dosis necesaria de realidad, porque Cristo es el objeto de su adoración, no tú. En humildad podemos decir a

---

[98] Ver Stuart Scott, *El esposo ejemplar: Una perspectiva bíblica* (Graham, NC: Publicaciones Faro de Gracia, 2008), pp. 159-162.

[99] http://conferenciacb2014.weebly.com/el-orgullo-espiritual-no-discernido--jonathan-edwards.html

otros: «Amigo, tú no eres el Salvador; eres un pecador, pero aun así, te amo».

UN BUEN AMIGO ANIMA LO APROPIADO

El versículo 5 de 1 Corintios 13 declara que el amor «no se porta indecorosamente». La idea es que no actúa de manera inapropiada. La versión Reina-Valera dice que el amor «no hace nada indebido», mientras que la Nueva Versión Internacional lo traduce: «No se comporta con rudeza».

El amor, por lo tanto, no es descortés. Pablo usa este mismo término en 1 Corintios 7:36, un par de capítulo antes: «Y si alguien cree que *no está obrando correctamente*». Entonces, aunque la idea es que un amigo no trata bruscamente a otros, eso no es todo. La palabra que usa el apóstol se refiere a un comportamiento deplorable, vergonzoso, deshonroso, inmoral, indecente.[100] Tiene que ver con alguien que no desea vivir de acuerdo con las normas establecidas de conducta y decencia.[101]

En Corinto vemos varios comportamientos que son la base de estas palabras, y que pueden incluir:

- pensamientos y comportamiento impuros (1 Cor. 5);
- la vestimenta (1 Cor. 11:2-16);
- lo que comían, que estaba causando confusión y que otros cayeran (2 Cor. 8);
- cómo se portaban cuando la iglesia se reunía (1 Cor. 11);
- cómo trataban al que estaba en pecado (1 Cor. 8, 10).

A esto podríamos añadir muchos más comportamientos equivocados que no se alinean a lo apropiado y atacan a la comunidad y

[100] William Arndt et al., *A Greek-English lexicon of the New Testament and other early Christian literature* (Chicago: University of Chicago Press, 2000), p. 147.

[101] Alexander Strauch, *Liderando con Amor* (Cupertino, CA: Editorial DIME, 2010), p. 78.

la unidad. El amor cristiano se preocupa demasiado por el resto de la comunidad como para comportarse de manera «indecorosa».[102]

Entonces, el amor no se porta indecorosamente, no hace nada inapropiado, y la pregunta sería: ¿quién define lo que está bien o mal? La única respuesta es la Biblia.

El versículo 6 de 1 Corintios 13 dice, además, que el amor «no se regocija de la injusticia, sino que se alegra con la *verdad*». ¿Qué quiere decir? La palabra *regocija* literalmente significa «da la bienvenida», «siente felicidad o alegría». Pablo la utiliza también en Filipenses 4:4, cuando dice: «Regocíjense en el Señor siempre. Otra vez lo diré: ¡Regocíjense!».

El amor no se regocija de la injusticia; es decir, no se alegra de lo que no se apega a lo justo según la ley de Dios. La injusticia es lo malo, equivocado y maligno. El amor bíblico, entonces, no se alegra ni es parte de las cosas que Dios no acepta o que la Biblia dice que están mal.

Después encontramos en el versículo 6 la palabra «sino», que indica un contraste. Es la única parte de la lista que nos habla de algo que está mal y nos da la corrección.

El verdadero amor se alegra por la verdad, lo que es conforme a la realidad. Nos regocijamos en la verdad y la verdad está en la Biblia. Sin embargo, vivimos en un mundo en el que lo peor que puedes decir es que tienes la verdad. ¿Por qué? Porque eso te hace un orgulloso. La verdad bíblica dice que Dios es la verdad. En el Evangelio de Juan, Jesús declaró ser el camino, la verdad y la vida. Además, le dijo a Pilato que Él vino a testificar de la verdad.

Cuando como cristianos decimos que tenemos la verdad, no es para sentirnos orgullosos, sino que Dios, en Su misericordia, ha abierto nuestros ojos para poder ver la verdad que le pertenece y que nos ha comunicado mediante Su Palabra. Solo a través de Su Palabra podemos conocer la verdad.

---

[102] Gordon D. Fee, *The First Epistle to the Corinthians*, en *The New International Commentary on the New Testament* (Grand Rapids, MI: Wm. B. Eerdmans Publishing Co., 1987), p. 638.

Alexander Strauch señala: «Por lo tanto, vestirse no apropiadamente, la conversación desconsiderada, hacer caso omiso del tiempo o la conciencia moral de otros individuos, aprovecharse de las personas, carecer de tacto, ignorar las contribuciones e ideas de otros, tratar sin miramientos los planes e intereses de otros, la conducta inapropiada con el sexo opuesto, descortesía y rudeza básica, y una indiferencia general por la conducta social apropiada, son evidencias de falta de amor y no deben tener lugar en la iglesia local».[103]

De manera práctica, entonces, un buen amigo está pendiente de su entorno. No lo hacemos para tomar el control, sino para servir por amor al Señor. Sin embargo, nuestra cultura considera que un buen amigo es mi cómplice cuando hago cosas malas. Es alguien que me acepta tal como soy, aunque tome malas decisiones, y nos justificamos diciendo que Cristo era amigo de pecadores. Pero el texto bíblico nos muestra que Jesús nunca se regocijó en el pecado, sino que Su propósito siempre fue mostrar algo mejor, y ese algo mejor era Él mismo.

En el mundo, la base para una buena amistad es que una persona no te juzgue, y bíblicamente es obvio que no podemos juzgar en el sentido de sentir superioridad. Sin embargo, un amigo bíblico es aquel que tiene en claro que su compromiso es con el Autor de la amistad, con el mejor Amigo, y siempre buscará levantar los ojos de Su pecado para contemplar el estándar de Dios.

Un buen amigo nunca se regocija en el comportamiento o la participación de su amigo en actividades injustas. Las amistades no se reúnen a celebrar el pecado ni a pecar juntas. Una amistad bíblica no cae en chismes ni celebra la caída de otros.

Una buena amistad se regocija en la verdad, y esta verdad nos otorga un vínculo increíble. Habíamos dicho que, muchas veces, lo que nos une es una película o un evento deportivo. Cuando tu equipo mete un gol, puedes llegar incluso a abrazar a los desconocidos. Pero imagina cuánto más nos debería unir el regocijarnos por conocer a Dios, el Creador del cielo y de la tierra, el que dio a Su Hijo por

---

[103] Strauch, *Liderando con Amor*, p. 78.

nosotros, pecadores, de una manera tan increíble. Esa es la verdad bíblica que nos une.

UN BUEN AMIGO ES ABNEGADO

El versículo 5 continúa con la frase: «No busca lo suyo». La NVI traduce: «No es egoísta». Este término se enfoca en el ego, en el yo. El texto, entonces, nos dice que los corintios estaban obsesionados consigo mismos y consistentemente buscaban lo suyo, por lo que Pablo tuvo que decirles: «Nadie busque *su propio bien*, sino el de su prójimo» (1 Cor. 10:24).

Esto es radicalmente lo opuesto de lo que la cultura nos dice a diario que es el amor o la base de las buenas amistades, de una buena vida. Hoy, todo se trata de encontrarte a ti mismo, tu autoestima, tu valor propio, tu verdad, tú en primer lugar. Tenemos una «TUdolatría», es decir, una idolatría de nosotros mismos. La cultura te anima a buscar solamente personas «que sumen y no que resten» y te asegura que «no necesitas ese tipo de negatividad en tu vida». Pero este versículo contradice directamente a la cultura.

El autor Timothy Keller asegura que «la esencia de la humildad del evangelio no es pensar más o menos de mí mismo; es pensar menos en mí mismo».[104]

El texto bíblico dice sin titubear que el amor *no* busca lo suyo. La frase en el griego original es muy interesante, porque junto con el *yo* hay un verbo que se traduce como «buscar, desear, procurar obtener, tratar, demandar, atentar, pedir, esforzarse por algo».

En realidad, no es amoroso que pasemos tiempo pensando en nosotros mismos, en lo que buscamos, lo que deseamos, lo que procuramos obtener, lo que tratamos de alcanzar, lo que queremos pedir, etc. A mí me sorprendió, porque esas son las mismas cosas que el mundo dice que debes procurar para encontrarte a ti mismo. Vivimos en un mundo donde lo más importante es que te encuentres a

---

[104] Timothy Keller, *La libertad de olvidarse de uno mismo: El camino al verdadero gozo cristiano* (Nashville, TN: B&H español, 2023), p. 50.

ti mismo, haciendo exactamente lo que el texto bíblico nos dice que no hagamos. Sin embargo, los valores del reino son radicalmente distintos: «El que ha hallado su vida, la perderá; y el que ha perdido su vida por Mi causa, la hallará» (Mat. 10:39).

«Pues ¿qué provecho obtendrá un hombre si gana el mundo entero, pero pierde su alma? O ¿qué dará un hombre a cambio de su alma?» (Mat. 16:26). En la cultura hay muchas personas que quieren hallar su vida y ganar el mundo, para al final, ganan en lo que no importaba ganar, y pierden en lo más importante. Por eso te animo a que alinees tus objetivos con los de Aquel que dio Su vida por nosotros. Cristo nos mostró algo distinto y es nuestro ejemplo.

> Así como el Hijo del Hombre no vino para *ser servido*, sino para servir y para dar Su vida en rescate por muchos. (Mat. 20:28)
>
> Pues ni aun Cristo se agradó a Él mismo… (Rom. 15:3)
>
> Porque, ¿cuál es mayor, el que se sienta a la mesa, o el que sirve? ¿No lo es el que se sienta a la mesa? Sin embargo, entre ustedes Yo soy como el que sirve. (Luc. 22:27)
>
> Así como también yo procuro agradar a todos en todo, no buscando mi propio beneficio, sino el de muchos, para que sean salvos. (1 Cor. 10:33)

Un buen amigo es aquel que no busca lo suyo, sino el bien de otros. Esto es algo contracultural, y debe identificar a la comunidad cristiana. Los creyentes debemos ser amigos que buscan servir, no medir las amistades según cuán eficientes son para suplir nuestras necesidades y deseos. Un buen amigo está enfocado en los demás, no vive como un ermitaño ni busca promoverse a sí mismo. El amigo bíblico no es egoísta con sus tres *T* (tiempo, tesoros y talentos), sino que las usa para bendecir a los demás.

UN BUEN AMIGO CUIDA SU CORAZÓN DE LA IRA

En 1 Corintios 13:5, Pablo hace un cambio. Las cinco características anteriores se enfocan de manera práctica en la maldad en nuestro corazón, mientras que las siguientes dos características hablan de cómo responde el amor cuando alguien hace algo malo en contra de ti. El amor, entonces:

- no se irrita,
- no toma en cuenta el mal recibido.

El amor no se irrita. La NVI lo traduce como «no se enoja». El término tiene la idea de incitar o estimular, provocar, despertar la ira, y puede ser usado de forma negativa (como en este texto, «no se irrita»), o positiva, como en Hechos 17:16, cuando Pablo camina por la ciudad de Atenas y, al mirar tantos ídolos, el texto dice: «Mientras Pablo los esperaba en Atenas, su espíritu se *enardecía* dentro de él al contemplar la ciudad llena de ídolos» (Hech. 17:16).

Efesios dice que podemos airarnos, pero no pecar. Es una línea delgada, pero es válido molestarnos por la injusticia o por las cosas que van en contra de Dios. Además, esto no significa que no haya lugar para los desacuerdos. Debemos considerar que el desacuerdo muchas veces es una herramienta que Dios usa para ayudarnos a crecer. El punto aquí es que no seamos rápidos en irritarnos. No debemos ser personas que fácilmente se enojan, se molestan, se ofenden o tienen una tendencia a la ira.

El amor no toma en cuenta el mal recibido. Esta es la segunda respuesta ante el pecado de otros. Mientras que la primera se enfoca en la reacción, esta segunda se enfoca en la perspectiva. La Reina-Valera traduce «no guarda rencor».

Aquí Pablo usa una palabra que se utiliza en contabilidad y tiene la idea de calcular, contar, acreditar. Se refiere a personas que empiezan a hacer una lista mental de cómo otros les han fallado. Eso no es amoroso y va en contra de nuestra identidad como creyentes, porque Cristo hizo exactamente lo contrario:

> … Dios estaba en Cristo reconciliando al mundo con Él mismo, no *tomando en cuenta a los hombres sus transgresiones*, y nos ha encomendado a nosotros la palabra de la reconciliación. (2 Cor. 5:19)
>
> PUES TENDRÉ MISERICORDIA DE SUS INIQUIDADES, Y NUNCA MÁS ME ACORDARÉ DE SUS PECADOS. (Heb. 8:12)

Si somos de Cristo, no tomaremos en cuenta las transgresiones de nuestro amigo imperfecto, porque nuestro Amigo perfecto no toma en cuenta nuestras transgresiones.

En la práctica, una amistad real provee un ecosistema muy interesante al hablar de la ira cuando alguien nos lastima. Las relaciones interpersonales profundas proveen muchas oportunidades para enojarnos, para molestarnos e irritarnos mutuamente.

1. ¿Eres alguien que se ofende con facilidad?

Un buen amigo no nos hace sentir que estamos caminando sobre cáscaras de huevo. El amor bíblico nos lleva a no ofendernos cuando otros no hacen lo que queremos, y a no ser hipersensibles cuando nuestros deseos no son satisfechos. Puedes decir que amas a alguien, que eres su amigo, pero no será verdad si estás constantemente molesto, enojado.

2. ¿Eres una persona a la que le encanta hacer listas?

A veces parecemos memorias USB y discos duros que guardan un respaldo de todo lo malo que han hecho los demás contra nosotros. El amor bíblico perdona sin acumular insatisfacción, amargura o resentimiento. La respuesta es el perdón, porque Cristo nos ha perdonado.

Un profesor de seminario cuenta la historia de un día que estaba en un restaurante con un pastor, cuando la mesera accidentalmente derramó agua sobre el traje de este hombre. El pastor inmediatamente reaccionó con enojo contra la mesera, ventilando su desagrado. Después de limpiarse, el profesor se inclinó y susurró al pastor: «Quizás deberíamos testificarle del amor de Cristo». El pastor entendió el mensaje.[105]

---

[105] Strauch, *Liderando con Amor*, p. 88.

15

EL AMIGO QUE AMA, PARTE IV

Todo lo sufre, todo lo cree, todo lo espera, todo lo soporta.
(1 Cor. 13:7)

Al terminar la descripción del amor, Pablo usa cuatro veces la palabra *todo* como una herramienta retórica para enfatizar cada una de estas características del amor. A continuación, estudiaremos las cuatro últimas características de un amigo amoroso.

UN BUEN AMIGO TODO LO SUFRE

Como papá, he escuchado la siguiente frase varias veces: «¡Papá, mira lo que está haciendo mi hermano!».

Lo que he aprendido es que la frase puede venir en algunas ocasiones con una motivación hermosa de proteger a la otra persona, o bien, con el deseo de culpar e incriminar. En este segundo caso, la motivación es quedar bien y defender un sentido de autojusticia disfrazado de preocupación.

Como pastor, he escuchado la siguiente frase muchas veces: «Pastor, estoy muy preocupado por ______».

Mi respuesta suele ser algo como: «Vaya, no sabía. ¿Cómo te fue hablando con esa persona?».

Y la respuesta en general es: «Ehh… no, no he podido hablar. Por eso le cuento, para que vaya a hablar usted».

Al afirmar que el amigo todo lo sufre, estamos encarando esa situación común. La palabra *sufre* aparece cuatro veces en el Nuevo

Testamento y solo en escritos de Pablo. Si revisamos los otros tres usos, notamos que:

1. Pablo ya no aguanta estar lejos de sus hijos espirituales y muestra su amoroso cuidado.

> Por lo cual, no pudiendo *soportarlo* más [...]. Por eso también yo, cuando ya no pude *soportar* más, envié a Timoteo para informarme de su fe, por temor a que el tentador los hubiera tentado y que nuestro trabajo hubiera sido en vano. (1 Tes. 3:1, 5)

2. Pablo sufre bajo tensión. Este sufrimiento tiene la idea de sobrellevar, cubrir y soportar, con el propósito de no ser estorbo para el evangelio.

> Si otros tienen este derecho sobre ustedes, ¿no lo tenemos aún más nosotros? Sin embargo, no hemos usado este derecho, sino que *sufrimos todo para no causar estorbo al evangelio de Cristo.* (1 Cor. 9:12)

Notemos que Pablo estuvo dispuesto a aguantar y soportar dificultades por su amor a las personas, como una madre que, en amor a su hijo, sufre dolores de parto con la esperanza de tenerlo en sus brazos. Y, obviamente, Cristo sufrió para cubrir así nuestros pecados de tal forma que «ni lo alto, ni lo profundo, ni ninguna otra cosa creada nos podrá separar del amor de Dios» (Rom. 8:39). El texto nos anima a sufrir por el beneficio de otros.

Volvamos a nuestro ejemplo. Probablemente, alguna vez todos le hayamos comunicado a alguien nuestra preocupación por lo que otra persona está haciendo. No dudo que puede haber un deseo real de ayudar y cuidar, sin embargo, al hablar de detalles, en vez de proteger, estamos exponiendo a la persona.

En otros casos, la misma motivación interna de autojusticia y de quedar bien se mantiene pese a que la manifestación externa no parezca un grito de queja como «¡Mira lo que está haciendo!».

Lo que estoy intentando decir no es solamente que, cuando nos enteramos de un pecado o tenemos cierta preocupación, el primer paso no es contarle al pastor, sino ir y confrontar amorosamente de manera privada a la persona (Mat. 18:15). No, también deseo mostrar que los errores, las equivocaciones, las debilidades y el pecado mismo son oportunidades de mostrar el evangelio y ser partícipes del cambio en amor; como también son oportunidades de protegerse a uno mismo, de mostrar una justicia propia y buscar sobresalir con egoísmo.

Pensemos en esa segunda opción. Nuestro corazón pecaminoso sabe que, si exponemos a la otra persona, maximizando su pecado, podemos hacer varias cosas que nos beneficien. En primer lugar, podemos justificar dar un paso al costado cuando quizás el Señor nos llame a ayudar a nuestro amigo en su pecado (Gál. 6:1). En segundo lugar, al exponer al otro, esa persona se ve mal mientras que nosotros quedamos bien. Finalmente, en algunos contextos y situaciones, si otros ven mal a esa persona, ahora nosotros nos vemos bien, y los demás nos terminan escogiendo (se acercan, nos buscan) en lugar de al otro.

Pero la Palabra de Dios dice lo contrario.

> Sobre todo, sean fervientes en su amor los unos por los otros, pues el amor *cubre* multitud de pecados. (1 Ped. 4:8)
>
> El odio crea rencillas, pero el amor cubre todas las transgresiones. (Prov. 10:12)
>
> El que cubre una falta busca afecto, pero el que repite el asunto separa a los mejores amigos. (Prov. 17:9)

Esto no significa que encubramos o minimicemos el pecado. El amigo no se porta indecorosamente, ni se regocija en la maldad. Cuando decimos que un buen amigo todo lo sufre, nos referimos a que soportamos el peso de cubrir a la persona sin exponerla, para ayudarla con su situación. Un buen amigo busca la manera de restaurar a la persona considerando cómo tratar al pecado de manera cuidadosa.

Un pastor lo expresa de esta forma:

> El amor *todo lo sufre* a fin de proteger a otros de riesgos, burlas o daños. El amor genuino no chismea o escucha los chismes. Aun cuando un pecado es cierto, el amor procura corregirlo con el mínimo de heridas y daño para la persona culpable. El amor nunca protege el pecado, pero está muy dispuesto a proteger al pecador.[106]

Si dices que Cristo es tu amigo, recuerda que Cristo vino a rescatar y no a condenar; vino a salvar y no a juzgar. ¿Eres un amigo que se caracteriza por aguantar, sufrir o soportar bíblicamente a otras personas? ¿Es normal para ti exponer el pecado de otros (mientras minimizas el tuyo)?

Ahora, digamos que piensas: *Bueno, voy a manejar el pecado de la otra persona bíblicamente. No voy a empezar contándoselo a otro, sino que iré directamente a hablar con la persona*, y en ese momento, viene a tu mente un pensamiento: *No puedo hacer eso. ¡Yo lo conozco, y sé que no va a cambiar!*

UN BUEN AMIGO TODO LO CREE

La palabra *cree* se usa muchísimas veces en el Nuevo Testamento; 243 para ser exactos, y 9 veces en 1 Corintios. Esta palabra se suele traducir con el verbo «confiar».

Por ejemplo, Pablo la usa para hablar de la necedad de la predicación que salva a los que *creen* (1 Cor. 1:21). En otros casos, está unida al sustantivo de donde obtenemos la palabra «fe» (1 Cor. 13:13).

Esto es clave: a esta palabra se la usa en referencia a los creyentes, a aquellos que han puesto su fe en Cristo, a los que confían en Cristo como su Señor y Salvador. Desde el punto de vista bíblico, un creyente no es alguien que hace algo para agradar a Dios, sino aquel

---

[106] John MacArthur, *1 y 2 Corintios*, vol. 1, *Comentario MacArthur del Nuevo Testamento* (Grand Rapids, MI: Editorial Portavoz, 2015), pp. 410-411.

que cree en lo que Cristo hizo. Lo que nos hace amigos de Cristo es que hemos puesto nuestra fe en Él. Jesús dice que cualquiera que crea en Él recibirá vida eterna.

Te hago una pregunta: ¿Cristo te salvó…

Opción A: … porque eras buena gente?

Opción B: … cuando eras Su enemigo y estabas muerto en pecado, mientras eras hijo de ira?

La respuesta bíblica es la B.

Entonces, si esa es tu respuesta, y Cristo puede hacer de un enemigo mortal Su amigo y llevarlo a una relación con Él, ¿cómo cambia eso nuestra manera de ver al prójimo? El texto dice «todo lo cree». Esa confianza en Cristo y Sus palabras nos lleva a confiar (creer) lo mejor del prójimo, ya que recordamos que Cristo está obrando en él.

Ya que Cristo murió por un pecador tan terrible como yo, por alguien que estaba muerto en delitos y pecados, ahora creo que puede hacer una obra increíble en cualquier persona, y veo a otros con ojos espirituales de esperanza bíblica. Esto significa que:

- Un buen amigo cree lo mejor de otros.
- Un buen amigo no supone lo peor de otros.

En mi experiencia en consejería he visto que este punto y el siguiente son fundamentales para que las amistades florezcan.

Vivimos en tiempos donde muchas veces pensamos lo peor de las personas. Somos gente pecaminosamente sospechosa, desconfiada, cínica y negativa que duda de todo. Esto ocurre incluso entre tribus dentro de la iglesia evangélica, y se justifica con el título de «discernimiento».

Uno puede suponer lo peor de cualquier persona, al punto de cuestionar a Cristo. Mateo 12:22-25 nos da un ejemplo donde Cristo experimentó la desconfianza de personas religiosas. Jesús sanó a un endemoniado ciego y mudo, y ¿qué hicieron los fariseos? ¿Saltaron acaso de felicidad y dijeron: «Qué bueno, pobre persona endemoniada», o «Qué bueno que pueda ver», o «Qué bueno que pueda hablar»? No, atribuyen Sus obras a Beelzebú, el príncipe de los demonios. Y no es la primera vez que lo hacían. En Mat. 9:2-4, Cristo les pregunta: «¿Por qué piensan mal en sus corazones?».

Hoy, Cristo nos pregunta lo mismo. ¿Por qué piensas mal en tu corazón del prójimo, incluso de tu amigo, de tu cónyuge, de aquellos más cercanos?

Amado, un amigo trata a otros con gracia y amor, creyendo lo mejor de ellos. Un amigo hace preguntas antes de dar algo por sentado; brinda el beneficio de la duda. Incluso si tenemos preocupaciones válidas y más información, un buen amigo trata a otros con gracia.

Esto no es diplomacia religiosa fría y mojigata; es un amor real. En palabras de Alexander Strauch:

> El amigo no es sospechoso ni cínico, sino sincero y favorablemente dispuesto hacia el otro. Busca entender a cada persona bajo la mejor luz, con un entendimiento de las complejidades de la vida. Cree que las personas pueden cambiar y mejorar. Considera el valor, el potencial y las futuras posibilidades de ellas. «Estudia las motivaciones y hace todas las concesiones posibles».[107]

Para finalizar este punto, te pregunto: ¿cómo tratas a las personas? ¿Crees lo mejor o inicias una conversación suponiendo lo peor? Aquí, el amor todo lo cree, porque cree que Dios puede hacer algo increíble, aun en los peores pecadores. Dios es quien cambió a Saulo en Pablo, y ahora Pablo les da la misma esperanza a los corintios.

UN BUEN AMIGO TODO LO ESPERA

Este punto es muy parecido al anterior. Cuando crees en algo, con el tiempo, pones tu esperanza en eso.

---

[107] Strauch, *Liderando con amor*, p. 107.

La esperanza conlleva la idea de tener una expectativa, de algo que miras a futuro, que ansías, que anhelas. Cuentas los días que faltan para que ocurra. Un buen amigo no solo cree lo mejor de las personas, sino que también es optimista en que Dios puede obrar.

Pablo, al tratar con una iglesia difícil, dijo: «Me gozo de que en todo tengo confianza en ustedes» (2 Cor. 7:16).

Es interesante pensar que, si solo decimos que creemos pero hay escepticismo en nuestro corazón, nuestra fe podría volverse algo seco y desconectado. Podemos decir: «Bueno, bueno, yo sé que Dios puede obrar, pero veremos». En contraste, un buen amigo se vuelve alguien que anima y apoya lo que Dios puede hacer de manera activa, con una expectativa piadosa y bíblica. Es clave notar que esta es una esperanza en otros anclada en Dios.

En una sesión de consejería, recuerdo las palabras de una mujer que miró a su esposo y le dijo: «Te amo, y no quiero que entiendas mal lo que voy a decir... sí, confío en ti, pero confío más en lo que Dios está haciendo y va a hacer en ti».

La Biblia está llena de versículos que hablan de esperar en Dios.

> Y tú, vuelve a tu Dios, practica la misericordia y la justicia, y espera siempre en tu Dios. (Os. 12:6)
>
> Guíame en Tu verdad y enséñame, porque Tú eres el Dios de mi salvación; en Ti espero todo el día. (Sal. 25:5)
>
> Espera al SEÑOR; esfuérzate y aliéntese tu corazón. Sí, espera al SEÑOR. (Sal. 27:14)
>
> Confía callado en el SEÑOR y espera en Él con paciencia; no te irrites a causa del que prospera en su camino, por el hombre que lleva a cabo sus intrigas. (Sal. 37:7)
>
> Por tanto, hermanos, sean pacientes hasta la venida del Señor. Miren cómo el labrador espera el fruto precioso de la tierra, siendo paciente en ello hasta que recibe la lluvia temprana y la tardía. Sean también ustedes pacientes. Fortalezcan sus corazones, porque la venida del Señor está cerca. Hermanos, no se

quejen unos contra otros, para que no sean juzgados. Ya el Juez está a las puertas. (Sant. 5:7-9)

En resumen, una buena amistad es una en la que esperamos ver grandes cosas en la vida del otro, mientras mantenemos juntos nuestros ojos en Cristo.

UN BUEN AMIGO TODO LO SOPORTA

Finalmente, llegamos a la última característica que cierra el círculo de las características de un amigo.

La palabra *soporta* es la que tenemos en Mateo 24:13, cuando dice: «Pero el que *persevere* hasta el fin, ese será salvo». Otro ejemplo de esta palabra se encuentra en Hebreos, al hablar de la poderosa obra del Amigo perfecto. El texto dice: «Quien por el gozo puesto delante de Él *soportó* la cruz, despreciando la vergüenza, y se ha sentado a la diestra del trono de Dios. Consideren, pues, a Aquel que *soportó* tal hostilidad de los pecadores contra Él mismo, para que no se cansen ni se desanimen en su corazón» (Heb. 12:2-3).

Dijimos al principio que el amor es *paciente*, ya que aguanta bajo presión. Al decir que el amor todo lo soporta o es perseverante, vemos una imagen que emerge del contexto de guerra, donde un soldado se mantiene en su puesto con fidelidad. No se abre, no renuncia, sino que se mantiene en medio de la batalla.

En mi país crecimos con el relato exagerado del héroe Abdón Calderón, escrito por Manual J. Calle. El relato dice:

> Silba una bala y le rompe el brazo derecho. Silba otra bala y le rompe el brazo izquierdo. ¡Viva la República!, grita el heroico adolescente y siempre en pie, corre con la espada en los dientes.[108]

---

[108] Manuel J. Calle, *Leyendas del tiempo heroico* (1969).

Nos encantan las historias de los héroes en el campo de batalla, en el campo de juego o en el campo de la vida. Aquellos que, en contra de todo pronóstico, muestran tenacidad y todo lo soportan.

Al culminar esta sección y el libro, quiero que recuerdes que:

- El amor verdadero puede aguantar cualquier cosa.
- El amor puede enfrentar cualquier ataque.
- El amor puede vencer cualquier situación.
- El amor lo vence todo.

¿Pero qué pasa cuando no es así?

Amigo, entiendo que esas palabras pueden sonar demasiado buenas para ser verdad. Algunos las veremos como lo ideal, pero no como algo real.

Como pastor, amigo y humano, al escribir estas palabras vienen a mi mente caras de personas con las que parecería que el amor no venció, personas que lucharon por su matrimonio y no lo pudieron salvar, amigos que lucharon por la reconciliación y no la encontraron, situaciones donde parecería que el amor no tuvo la última palabra.

Mientras escribo esto, hace una semana celebramos el Domingo de Resurrección. El domingo que vino después de un viernes de muerte y un sábado de silencio. Esta sección ha buscado pintar y exponer la tenacidad del amor de Cristo que es clave para amar a nuestros amigos, y no puedo cerrar sin recordarte que, en contraste con cualquier otro modelo relacional, el modelo bíblico es el único donde la esperanza gana.

El amor verdadero siempre tiene la última palabra, y por eso nuestras amistades tienen esperanza.

CONCLUSIÓN
¿Y AHORA QUÉ?

Amigos, con este capítulo llegamos al final de nuestro tiempo juntos, y gracias a Dios hemos cubierto mucho terreno.

En primer lugar, fuimos al inicio, al libro de Génesis, para desarrollar una miniteología de las relaciones que nos ayuda a enmarcar nuestra experiencia como seres relacionales. Vimos por qué las relaciones son tan importantes para una persona, cuál es el objetivo por el que Dios las creó y, finalmente, cuál fue el detonante y el inicio para que las relaciones sean tan difíciles y requieran tanto esfuerzo.

En segundo lugar, vimos cómo los deseos del corazón y la adoración interactúan con nuestro anhelo de tener amigos y relaciones. En ese contexto, Dios responde al problema de las relaciones rotas y los corazones hambrientos al enviar a Jesucristo, el cual nos llama a una amistad con Él y satisface los anhelos más profundos de nuestro corazón.

En la tercera parte, comenzamos a ver la sección práctica del libro, y consideramos varios perfiles relacionales, los estratos de las amistades y los ingredientes claves de las amistades saludables, teniendo en cuenta el ejemplo del amigo perfecto, Jesús. Por último, exploramos cuidadosamente un texto muy conocido que trata del amor con un filtro de las amistades.

Querido lector, he buscado ser bíblico en el material y, por ende, confío en que la Palabra de Dios traerá fruto (Isa. 55:11) en nuestras amistades. Dios ha sido bondadoso y ya me ha permitido ver fruto mientras prediqué parte de este contenido en mi iglesia local.

Sin embargo, tengo una preocupación que me lleva de vuelta al inicio.

Lecciones en el horno de la amistad

En una de las primeras frases de la introducción, escribí: «De partida, confieso que escribo este libro como un compañero en la misma travesía de buscar ser un mejor amigo en un mundo roto y solitario».

Poco sabía que la travesía no implicaría tan solo leer miles de páginas y tratar de interactuar con el tema de la amistad de manera bíblica, compartiendo lo que he aprendido de este tema. Dios tenía otro plan que me llevaría en una travesía personal.

Esa noche, en el balcón en Cusco, donde las ideas para este libro tomaban forma y se fraguaban, no imaginaba que estaba por entrar, en el ámbito personal y como familia, a una temporada de grandes gozos y dificultades relacionales. Una temporada en la que despediríamos a seres queridos, caminaríamos por los valles del cáncer con amigos amados, recibiríamos diagnósticos sorpresivos, veríamos a personas que apreciamos negar elementos importantes del mensaje que celebrábamos, mientras que, al mismo tiempo, disfrutaríamos de ver los primeros retoños de nuevas amistades que fueron como un bálsamo para nuestras almas. Me gustaría mencionar varias lecciones de esta temporada que creo serán útiles.

1. No es suficiente leer (o escribir un libro) acerca de amistades; la amistad es un deporte de contacto

El contenido de este libro no puede quedar en un nivel intelectual o en la teoría. Hace unos meses, me encontré disfrutando de las palabras de C. S. Lewis, San Agustín y otras grandes mentes de la historia con respecto a las amistades, pero no estaba seguro de si en ese momento estaba siendo un buen amigo para personas que estaban atravesando momentos difíciles o tan solo dando tiempo para nutrir amistades.

Amigo, no es suficiente leer (o escribir un libro) acerca de amistades, o incluso saber qué dice la Biblia acerca de la amistad. Dios nos llama a ser hacedores y no solo oidores (Sant. 1:22-25). Ser un buen amigo requiere intencionalidad de tu parte para dedicar tiempo a las amistades, e incluso tiempo y esfuerzo a las dinámicas relacionales no estructuradas que forjan amistades. En un mundo tan ocupado, un buen amigo es aquel que separa un espacio para reflejar al Amigo perfecto.

2. Admite tu finitud

En este proceso de escribir un libro acerca de las amistades, vinieron a mi mente varias personas con las que compartí momentos especiales, pero con las cuales, con el tiempo o por la temporada de la vida en la que estamos, ya no tenemos una relación como en algún momento tuvimos. Al pensar en estas personas y las herramientas tecnológicas disponibles, tomé la decisión de comprometerme a ser un mejor amigo y dar el primer paso para retomar esas amistades.

Esta idea que suena muy bien y que inicié con la mejores intenciones, rápidamente me dejó exhausto y frustrado, pero abrió mis ojos a lo que Kelly Needham llama «la mentira de ser ilimitados». Ella escribe: «La creación de Facebook no me dio más horas en mi día ni más ancho de banda emocional para las relaciones [...]. La tecnología moderna intenta borrar nuestras limitaciones naturales dadas por Dios».[109]

Estas limitaciones no son malas noticias. Admitir nuestras limitaciones nos libera de la tiranía de las expectativas no realistas y de buscar hacer cosas que solo el amigo perfecto puede hacer. Ni tú ni yo podemos tener la misma profundidad relacional con todo el mundo. Amigo, tú no eres Jesús y no puedes ser el amigo perfecto de cada persona que Dios ha puesto en el transcurso de tu vida. Lo que sí puedes hacer es buscar ser fiel con las personas que Dios ha puesto en tu camino hoy. Con tu prójimo. Nuestras limitaciones nos ayudan a recordar, disfrutar e invertir en el proceso poco glamoroso, pero gloriosamente bello, de una amistad que toma tiempo y se construye un día a la vez.

3. Da gracia a otros y a ti mismo en el proceso

Un amigo y compañero ministerial solía decir: «Te puedo prometer una cosa. En algún momento, te voy a fallar».

Ahora, sé que esa frase se puede usar como una excusa, y ese no es el punto. En el poder del Espíritu Santo y la gracia de Dios, cada creyente

---

[109] Needham, *Friendish,* p. 139.

está creciendo a la imagen del Amigo perfecto y puede buscar ser un amigo fiel y confiable. Al mismo tiempo, hemos dicho que toda relación es entre dos pecadores y, por ende, no existe una amistad perfecta.

Amigo, me encantaría prometerte que, si vives y practicas las estrategias y las ideas que has visto en este libro, tu vida no va a experimentar conflicto y dolor. No te puedo prometer eso. Vas a fallarle a alguien y alguien te va a fallar a ti. Cuando eso ocurra —y va a ocurrir—, ¿cómo lo manejarás?

En medio del dolor, no sigas la herencia de Adán y Eva de huir, esconderte y aislarte. Hoy, seguimos considerando que esa respuesta es la mejor. No lo es. Gracias a Dios, Él nos ha dado una respuesta. Cristo vino a morir por Sus enemigos, y al hacerlo, nos dio una solución para cuando enfrentamos el pinchazo amargo de la desilusión real y dolorosa que sentimos cuando un amigo nos falla o nosotros fallamos.

Quiero subrayar esto, y por favor escúchame bien: no estoy minimizando el dolor relacional, pero estoy sugiriendo que hay un Amigo que nunca nos falla y que nos ayuda a enfrentar el dolor relacional con esperanza. En ese momento de dolor, recuerda que Dios nos trata con gracia y, por ende, podemos brindar también gracia a nosotros mismos y a los demás debido al evangelio.

Si no lo notaste en los puntos anteriores, me doy cuenta de que no vivo en el mismo nivel que predico en este libro. En esos momentos, en vez de caer en desesperanza, tengo que predicarme el evangelio a mí mismo y recordar la gracia de Dios. Él sigue obrando en mí y va a terminar la obra que inició (Fil. 1:6) El objetivo no es la perfección, sino el crecimiento progresivo (Fil. 2:12-14). En medio de este proceso, abraza la gracia del Amigo perfecto y extiende esa gracia a otros también.

4. Cultiva una relación con Cristo

En algún momento escuché una ilustración que ayuda a entender este punto.

Recientemente, un amigo aprendió a bucear. Trajo unas fotos increíbles de la vida bajo el mar. Era impresionante. Ahora, digamos que tú y tu mejor amigo van a bucear en un arrecife lleno de vida y de colores. Es un lugar increíble que promete una experiencia inolvidable. El único problema es que, al entrar al agua, notas que ambos tienen que compartir un tanque de oxígeno.

Puedes imaginarte que la experiencia automáticamente cambia de disfrute a tensión. Pasa de ser una experiencia de libertad y gozo a una de conflicto, donde ambos luchan por aire. Sin embargo, sería muy distinto si cada uno tuviera su propio tanque de oxígeno. De esa manera, ambos podrían disfrutar de la experiencia, tanto juntos como individualmente.

Esto se parece a las relaciones interpersonales. Desde el matrimonio hasta la amistad, si una persona no tiene su propia conexión con Cristo, quien da vida, cualquier relación se convierte en una lucha para buscar en ellos lo que solo Él puede dar. Amigo, cultiva una relación con el mejor Amigo. Estar anclados en Cristo nos posiciona en un mejor lugar para amar a nuestra familia, amigos y conocidos. Como hemos mencionado, tenemos el privilegio de ser amigos del rey. Esa amistad lo cambia todo.

La amistad no es el objetivo, sino una herramienta

Se atribuye a C. S. Lewis la frase: «La amistad es innecesaria, como la filosofía, como el arte... No tiene valor de supervivencia; sino que es una de esas cosas que le dan valor a la supervivencia».

El punto de Lewis es que la amistad encuentra su valor más alto y sublime no en sí misma, sino en su objetivo como parte de algo más grande y sublime. Al hacerlo, la amistad nos permite ver algo con nuevos colores, profundidad y belleza.

Hemos dicho que la amistad es un regalo de Dios. Hemos visto varias frases donde diversos personajes, a través de la historia, elogian y comentan cómo una amistad puede multiplicar los gozos y disminuir las penas. Sin embargo, también hemos visto que, como todo regalo de Dios en un mundo caído, el corazón tiende a buscar convertir los regalos de Dios en un dios en sí y, en el proceso, los echa a perder.

En lo personal, consideraría que te he fallado miserablemente si al terminar este libro no tienes claro que las amistades, por hermosas que sean, no pueden darte lo que solo Dios puede dar. Como dice Francis Schaeffer, una persona que busca todo en un amigo «destruye lo que quiere y destruye a quien ama. Los chupa hasta dejarlos secos, se los come, y tanto ellos como la relación quedan destruidos».[110]

Una mejor manera de pensar en las amistades es considerarlas una disciplina espiritual. Una disciplina espiritual tiene como objetivo cultivar y nutrir nuestra relación con Dios. Sería ridículo y peligroso leer la Biblia tan solo por leerla, u orar tan solo por orar, o practicar cualquier disciplina espiritual por el simple hecho de hacerlo, separado de Dios. De esa manera, el legalismo y la autojusticia pueden empezar a manifestarse y dañar algo que, hecho de manera correcta, es tan útil y beneficioso.

La amistad no es en sí misma un objetivo que perseguir, sino una herramienta importante que Dios usa para que disfrutemos de lo sublime de esta vida con nuevos colores, profundidad y belleza, recordando a Dios como el Dador de toda buena dadiva, a Cristo como el Amigo perfecto que entregó Su vida, y al Espíritu Santo como Aquel que ahora mora en nosotros y nos permite vivir en novedad de vida, dando esperanza a las relaciones en un mundo caído.

Quiero ser vulnerable y decirles que no tenía idea de cómo terminar este libro. Pensé en poemas, imágenes, frases de la historia de la Iglesia que terminaran el libro contundentemente y forjaran su mensaje en tu mente de una manera memorable. Pero no se me ocurrió nada que me gustara.

Con esa frustración y con la presión de la fecha de entrega, mientras conducía, miré al cielo y ahí estaba mi respuesta. No, no escuché del cielo la palabra «amigo», ni las nubes la deletrearon, ni tuve una visión de la amistad.

No, era tan solo una valla publicitaria que, en letras gigantescas, con luces y de manera muy atractiva, tenía esta palabra con la que

---

[110]Hunter y Ortlund, *Made for friendship*, p. 142.

he interactuado por más de un año, y que se transformó en el tema central de este libro: AMIGO.

Ahora, me encantaría decirte que la valla incluía la idea de familia o amigos compartiendo tiempo juntos, viajes, arte o algo emotivo y bonito, así fuera un perro como el mejor amigo del hombre, pero no. Era una valla que promocionaba a un abogado que se especializaba en accidentes de autos, y mostraba a una persona accidentada pero sumergida en dinero y con una sonrisa.

El mensaje era claro: en un momento de dificultad, puedes contar con este amigo abogado quien no solo te promete acompañarte en tu dolor, sino que, con su ayuda, incluso puedes hacerte rico.

Lo interesante es que esta valla se encuentra muy cerca de un aeropuerto, y la vi mientras estaba ansioso por llegar a casa, durante el proceso de terminar de escribir este libro y mientras meditaba en Dios y Su bondad en la amistad.

Al pensar en este último año…

Pienso en mi mejor amigo, que se convirtió en familia.

Pienso en mi mejor amiga, que se convirtió en mi esposa.

Agradezco a Dios por amigos que, estando lejos de mi familia, nos tratan como familia.

Pienso en José, el cual fue mi jefe y que en algún momento sinceramente no me cayó tan bien, ya que lo juzgué sin conocerlo, y ahora es uno de mis amigos más queridos.

Medito en mi amistad con Jorge, un amigo de otra raza que ha sido de gran ánimo y me recuerda que el evangelio es más grande que las divisiones raciales.

Pienso en varios amigos de los cuales, en algún momento, el pecado me separó, pero el perdón abrió nuevas etapas hermosas y especiales.

Vi a Georgina, la cual, cuando la conocí, se ofreció a llevarme a la parada del autobús, y ahora tenemos una amistad de años.

Conversé con amigos que no he visto en años, y pareció como si el tiempo no hubiera pasado, y recordé a amigos que no están con nosotros, ya que han sido ascendidos al cielo.

Me duele pensar en otros amigos que han destruido su vida y se ha alejado de cosas que nos unieron en algún momento.

Disfruto el abrazo de Tomás y Josie, al verlos por primera vez en trece años. Ellos, que tienen edad como para ser mis papás, me abrazaron y me llevaron a las lágrimas con su cariño y trajeron recuerdos de su amistad.

Agradezco a los amigos nuevos que muestran la fidelidad de Dios en nuevas etapas de la vida.

Y podría dar muchos otros ejemplos, tanto de amigos de décadas como de amigos cercanos que son de mucha bendición y cuyas huellas están por todo este libro.

Ahora bien, la valla publicitaria del amigo-abogado me trae una sonrisa porque la imagen palidece en comparación. Mis amigos han estado presentes tanto en los momentos difíciles como en los bonitos. Han enriquecido mi vida, y no con dinero o cosas físicas, pese a que han sido generosos en momentos ajustados, me han dado de comer, me han albergado, etc. Pero lo que los hace especiales es que, sobre todo, me apuntaron a algo mucho más valioso.

Me ayudaron a contemplar al Rey y a meditar en Sus atributos, mientras todos navegamos la vida en un mundo caído. Algunos, de maneras intencionales, y otros, no tanto, me ayudaron a ver a Jesús, quien me llama amigo, y hoy amo más a mi Rey, que es mi Abogado perfecto delante del Padre (1 Jn. 2:1), debido a ellos.

Este libro no se trata de Marissa, de mis hijos, de José, de Andrew, de Tomás, de Josie, de Georgina ni de ninguno de ellos en particular. No porque no quiera, no porque no los ame, pero si este libro se tratara de ellos, arruinaría algo hermoso. Buscaría opacar al Dador del regalo con el regalo mismo.

Hay un musical cuya canción final siempre me pone emotivo. La frase que más me gusta dice algo así:

> Soy como el poste de luz en la calle, que aguanta el calor,
> Que ilumina las historias de la gente en la calle.
> Algunas tienen un final feliz,
> Otras son agridulces.

> Pero las conozco a todas y eso completa mi vida.
> Si no yo, ¿quién mantiene este legado?
> ¿Quién va a mantener el café dulce con recetas secretas?
> Abuela, descansa en paz, vives en nuestra memoria.
> Pero (mi sobrino) tienes que comer, esta esquina es mi destino.[111]

Las amistades nos permiten ser ese poste de luz, mediante el cual Dios nos permite iluminar las historias de aquellos que, en Su providencia, trae a nuestro camino. Algunas son hermosas, otras lastiman, pero como somos parte de una historia más grande, todas tienen un propósito.

Qué privilegio es ser amigos, qué privilegio es poder aguantar el calor de la vida mientras iluminamos y somos bendecidos. Qué bendición es poder mantener el legado de personas que nos impactaron mientras compartimos con otros lo que aprendimos de ellos.

Y lo más importante, qué bendición es poder ser parte de algo más grande que nosotros. Si eres amigo del Amigo perfecto, cualquier despedida es nada más un «hasta luego», y cada amistad es algo que tiene repercusiones eternas.

Que Dios nos conceda ser buenos mayordomos de este regalo llamado amistad.

---

[111] Tomado de *In the Heights,* letra y música de Lin Manuel Miranda.

DEDICATORIA

Al Amigo Perfecto por dar Su vida por un enemigo, y también por enviarme a Marissa, mi mejor amiga, quien «duplica las alegrías y divide las penas».

AGRADECIMIENTOS

Este libro es un testimonio de la gracia de Dios, que muestra como amigos nuevos y antiguos han ministrado mi corazón siendo una persona débil y común. A ellos quiero dar el honor que se merecen (Rom 13:7), entendiendo que es imposible nombrarlos a todos. Este libro es el resultado imperfecto de muchas personas que se encuentran dispersos en el cielo, Ecuador, EE.UU., México, Argentina, Chile y muchos otros lugares. Personas que moldearon de maneras profundas mi entendimiento del tema mediante sus enseñanzas y su vida.

Gracias a mi amado redil de La Fuente, donde estoy pastoreado y donde mucho del contenido de este libro ha tomado forma. Gracias a cada miembro de mi amada iglesia. Agradezco de manera especial al equipo pastoral (Mark, Pablo y David) y administrativo de La Fuente por su apoyo y por darme espacio para escribir. Danilo, Fabri «pana de todos», Andrés Balseca, Gaby Puente y Gaby Erazo. Un agradecimiento especial a María del Carmen Atiaga «Mariqui», por su paciencia y tiempo al apoyar con el manuscrito, edición e ideas. Muchas gracias también a Joel Rosario, Jemima, Gabriela, Cris, Pao y el equipazo en Lifeway. Gracias por darle la oportunidad a un nuevo autor.

Gracias a mi familia a la distancia en California y Arizona. Gracias a mi papá, quien desde una edad temprana me mostró lo hermoso de la lectura y los libros. En la gracia de Dios, ahora su hijo ha escrito un libro. Finalmente, gracias a quienes hicieron el mayor sacrificio en este proyecto. Gracias a aquellos que pacientemente me vieron escribir un libro sobre relaciones interpersonales, aunque en momentos fui ermitaño y no tan relacional. Gracias a mi amada esposa Marissa y mis preciosos pequeños, Willow y Knox. El Amigo Perfecto ha sido bueno.